Empower your soul

Psychologie & Persönlichkeitsentwicklung

Wie Sie Ihr Unterbewusstsein beeinflussen
& Ihre Persönlichkeit stärken
für ein erfolgreicheres und glücklicheres Leben

Michael Bergmeier

Michael Bergmeier
© Virtuoso Verlag

VIRTUOSO
books and more

1. Auflage 2021

Michael Bergmeier

1. Auflage 2021

ISBN: 978-3-96709-029-1

Inhalt

Motto

> „WAS IMMER DU TUN KANNST ODER WOVON DU TRÄUMST – FANGE ES AN. IN DER KÜHNHEIT LIEGT GENIE, MACHT UND MAGIE.“
>
> Johann Wolfgang von Goethe (1749 - 1832), deutscher Dichter

Einleitung

Wissen Sie, wer Sie sind?

Sind Sie sich Ihrer Träume und Ziele bewusst?

So wie Goethe einst sagte, liegt in der Kühnheit das Genie. Die Kühnheit meint die Entschlussfreudigkeit Ihres Geistes.

Entscheiden Sie sich, niemals stehen zu bleiben. Entwickeln Sie sich weiter.

Da wir in einer Leistungsgesellschaft leben, ist es manchmal schwierig, sich Zeit für sich zu nehmen. Auch der innere Schweinehund lässt ab und an grüßen – das kennen wir alle.

Aus diesem Grund soll Ihnen dieses Buch helfen, den ersten Schritt zu gehen und sich selbst langfristig zu motivieren.

Das ganze Leben bedeutet Veränderung, wichtig ist nur, dass Sie es in eine positive Richtung steuern.

Deshalb: Finden Sie heraus, wer Sie sind, was Sie wirklich wollen und vor allem: wohin Sie wollen. Dazu eignet sich die Persönlichkeitspsychologie ideal, über die Sie mehr erfahren werden und die Sie praktisch anzuwenden lernen.

Es lohnt sich, den Menschen mit einer Pflanze zu vergleichen. Wie die Pflanze Wasser und Licht benötigt, um zu wachsen, braucht der Mensch Ziele. Um Ziele festlegen zu können, muss man erst einmal wissen, was man im Leben erreichen möchte, sowohl beruflich als auch privat.

Wenn Sie das für sich herausfinden, geben Sie Ihrem Leben eine völlig neue Richtung.

Und Ihre Persönlichkeit hat die Möglichkeit, in all ihren Facetten zu wachsen. Selbst wenn Sie bereits Ziele haben und genau wissen, wohin Sie möchten, ist es sinnvoll, sich mit seiner Persönlichkeit zu beschäftigen.

Denn Ziele können sich jederzeit ändern, so wie Menschen sich im Laufe der Zeit verändern. Sie sehen also, egal, wo Sie gerade stehen: es lohnt sich immer, sich mit sich selbst zu beschäftigen und die menschliche Psychologie zum eigenen Vorteil nutzen zu lernen.

Diese Lektüre kann Ihr Startschuss für eine wunderbare Reise sein. Es ist mir eine Herzensangelegenheit, Sie dabei zu begleiten und Ihnen Strategien sowie Methoden zur Verfügung zu stellen, die Sie sowohl für Ihre Karriere als auch für Ihr persönliches Glück nutzen können.

Ich möchte Sie mit meiner Faszination für die Psychologie anstecken

Was mich als mittlerweile sehr erfolgreicher Unternehmer am meisten an der Psychologie verblüfft, ist die Tatsache, wie viele Verbindungen es zwischen ihr und anderen Disziplinen gibt. Natürlich trifft dies auf Felder wie Sozialwissenschaften oder Soziologie bzw. Ethnologie zu, die eng mit dem Feld der Sozialpsychologie verwandt sind. Vor allem aber sind hier Felder wie die Psychophysik zu nennen.

In diesem Zusammenhang wurde Gustav Fechner mit seinem Weber-Fechner-Gesetz bekannt. Es besagt unter anderem, dass die akustische Wahrnehmung eines Menschen nicht im selben Maße ansteigt wie die Lautstärke selbst.

Wenn an Ihnen ein Krankenwagen vorbeifährt und die Sirene auf halber Lautstärke ertönt, dann empfinden Sie diese als laut. Ist die Sirene dann doppelt so laut, bedeutet das aber nicht, dass auch Ihre Wahrnehmung zugleich auf das Doppelte ansteigt. Es sind solche simplen Beispiele, die zeigen, dass sich die Psychologie in sämtlichen Bereichen unseres Lebens verbirgt.

Als ich die Wichtigkeit psychologischer Phänomene und Zusammenhänge für mich erkannte, lief es auch im Geschäft sofort deutlich besser. Heute empfehle ich meinem gesamten Team, sich stets Zeit für sich selbst zu nehmen und biete diverse Weiterbildungsmöglichkeiten sowie Motivationsseminare an.

Die Entwicklung meiner Mitarbeiter ist mir wichtig, um ihnen neue Wege zu ermöglichen und ihnen eine Aufgabe in meinem Unternehmen zu geben, die sie erfüllt. So habe ich es nicht nur geschafft, meine Mitarbeiter ans Unternehmen zu binden, sondern habe ihnen auch zu mehr Zufriedenheit verholfen.

Genug von meiner Wenigkeit, kommen wir nun dazu, **was Sie in diesem Buch erwartet.**

In diesem Ratgeber tauchen Sie ein in die Persönlichkeitspsychologie, die Ihnen dabei hilft, Ihre eigene Persönlichkeit besser zu ergründen. Nicht nur die Persönlichkeit steht aber im Fokus der Betrachtung, sondern vor allem die Entwicklung.

Menschen entwickeln sich in verschiedenster Hinsicht und zwar ein Leben lang. Auch Sie wollen sich in gewisser Weise entwickeln, weshalb Sie diese Lektüre ja in den Händen halten. Mit Entwicklungen generell setzt sich die Entwicklungspsychologie auseinander.

Nachdem diese einflussreichen Themenfelder abgedeckt sind, werden Sie schließlich erfahren, wie Psychologie im Allgemeinen definiert werden kann. Hier sind sich nicht alle Autoren einig. Es gibt verschiedene Interpretationen und Antworten auf die Frage nach der Definition, weshalb sich einige Ausführungen zu diesem Thema auch anbieten.

Im Weiteren werden Sie hinsichtlich dessen sensibilisiert, wie Sie sich von anderen Menschen unterscheiden und woran das liegen könnte. An Ihrer Genetik, an der Art und Weise, wie Sie aufgewachsen sind, aber auch an Ihrer Beziehung, die Sie zu Ihren engsten Bezugspersonen von Beginn Ihres Lebens an pflegten.

Wenn die Persönlichkeit des Menschen thematisiert wird, darf ein Begriff nicht fehlen. „Big Five" – es handelt sich um das zweifellos umfangreichste Persönlichkeitsmodell der Psychologie, das sehr relevant ist. Anhand eines kleinen Selbsttests können Sie selbst besser einschätzen, wo Sie sich in Bezug auf das Big-Five-Modell einordnen können.

Wenn Sie an Psychologie denken, dann denken Sie vermutlich vor allem an einen Namen: Sigmund Freud. Er zählt zu den wahrscheinlich populärsten Psychologen aller Zeiten. Das mag an seinen Theorien liegen, die durchaus markant und gewagt formuliert wurden.

Vielleicht ist es auch die Darstellung von Freud selbst oder die Idee, auf einer Couch analysiert zu werden. Was von Freud aber durchaus als Erbe für uns angesehen werden kann, ist das Wissen über das Unbewusste, was er mit seinem legendären Eisbergmodell verband. Dieses werden Sie in aller Kompaktheit kennenlernen.

Doch auch konkrete Ratschläge werden Sie auf den folgenden Seiten antreffen, die Sie sofort in Ihren Alltag integrieren können: Wie können Sie sich selbst reflektieren? Wie funktioniert es, sich dauerhaft selbst zu motivieren? Wie können Sie Ihre Ziele auf effiziente Weise erreichen?

Vermutlich wird es Sie brennend interessieren, wie Sie speziell diese Facetten Ihres Lebens verändern können. Das Wissen darüber, welche menschlichen Strukturen überhaupt existieren, kann Ihr Leben beflügeln. Ich hoffe, Sie fliegen gut, erfahren Neues und haben auf dieser Reise viel Spaß.

Kapitel 1: Die Persönlichkeit des Menschen oder: „Wer bin ich eigentlich?“

Wer sind Sie eigentlich? Wie sind Sie eigentlich?

Haben Sie sich diese Fragen schon in Ihrem Leben gestellt? Stellen Sie sich diese Frage häufiger?

In welchen Situationen des Lebens stellen Sie sich diese Fragen?

Sie könnten ja einmal dazu übergehen und versuchen, Fragen auf diese Antworten zu finden. Schreiben Sie sich auf, welche Persönlichkeitseigenschaften Sie besitzen.

Um dem Ganzen etwas mehr Struktur zu verleihen, könnten Sie eine Einteilung vornehmen.

Einerseits schreiben Sie auf, was positive Eigenschaften an Ihnen sind. Auf der anderen Seite des Blatts notieren Sie sich die negativen Eigenschaften.

Wenn Sie dies beendet haben, gehen Sie dazu über und fragen Ihren Ehemann, Ihre Ehefrau, Kinder, Eltern, Großeltern, Freunde – Menschen, die Sie gut kennen. Was sind Ihre positiven, was Ihre negativen Eigenschaften?

Sie werden Ihnen interessante Antworten liefern. Dabei erfahren Sie gleich, wie es um Ihre Selbstwahrnehmung bestellt ist und wie sich diese von der Fremdwahrnehmung unterscheidet. Das kann eine interessante Erkenntnis sein. Sie würden dadurch auch erfahren, welche Menschen Sie sehr gut kennen und welche vielleicht nur einige Facetten Ihrer Persönlichkeit beschreiben können. Und dennoch werden Sie eine Antwort darauf finden, wer Sie sind.

Denn Sie sind nicht nur der Mensch vor dem Spiegel. Der denkende Mensch, der gerade diese Sätze liest und dessen Augen in Sekundenschnelle von links nach rechts springen. Sie sind letztlich auch ein Mensch der Interaktion.

Ein sozialer Mensch, der sich auch erst durch den Umgang mit anderen erschafft und konstruiert. Insofern ist es gar nicht so sinnlos, die eigene Persönlichkeit von Mitmenschen einschätzen zu lassen.

Vielleicht stellen Sie sich die Frage nach dem Sinn des Lebens. In diesen Zeiten ist es wichtig, über den Tellerrand hinauszuschauen. Womöglich schafft dieses Buch ja dasselbe: Ihren Horizont zu erweitern. Nur Sie wissen, welche Wendepunkte es in Ihrem Leben gab. Manchmal trägt die Resilienz ja erst recht dazu bei, dass Menschen sich und ihre Persönlichkeit entwickeln können.

Mit Resilienz ist die psychische Widerstandsfähigkeit gemeint. Manche Menschen sind im Laufe ihres Lebens nicht gerade vom Glück geküsst. Sie erleiden Traumata, haben insofern Pech gehabt, als dass sie von ihrer Familie nicht gut behandelt wurden. Womöglich haben diese auch mit Problemen zu kämpfen, die wir im überwiegend „verwöhnten Westen" so nicht kennen.

Denken Sie nur an die Vielzahl an Flüchtlingen, die in unser Land gekommen sind und von den Wirren des Krieges gezeichnet sind. Wenn es nach den psychologischen Vorhersagen geht, müssten diese Menschen eigentlich innerlich tot sein.

Wenn ein Mensch weder von der Mutter noch vom Vater geliebt wird, wie kann er trotzdem noch ein akzeptables Leben führen? Interessanterweise gibt es sehr viele Prominente oder allgemein Personen, die einen guten Ruf genießen, die in ihrem Leben große Probleme und schwierige Herausforderungen überwinden mussten. Das kann durch die Resilienz erklärt werden.

Menschen lassen sich eben nicht immer unterkriegen und vom Weg abdrängen.

Im Gegenteil: sie trotzen den Herausforderungen des Lebens und werden am Ende vielleicht sogar deshalb bekannt oder berühmt, weil sie all diese Schwierigkeiten hinter sich lassen konnten und ein erfolgreiches Leben führten.

Wenn Sie sich also fragen, wer Sie sind, inwiefern Sie sich vielleicht auch verändert haben und ob Sie sich in der Zukunft ändern werden, dann können Sie diese Frage ganz sicher mit „Ja“ beantworten. Menschen streben nach Konsistenz. Sie wollen Beständigkeit im Leben.

Das psychologische Phänomen „Story Bias“ beschreibt die Tendenz des Menschen, das eigene Leben als fortlaufende Geschichte anzusehen. Dabei ist das Leben einfach eine Aneinanderreihung von „Jetzt“-Momenten.

Und doch schreiben die Menschen zielsicher ihren Lebenslauf, verfassen Biographien und sprechen von Entwicklung.

Tatsächlich haben Forschungen ergeben, dass ein- und derselbe Mensch im Abstand von 30 Jahren nicht mehr wirklich als einheitlich zu betrachten ist.

Es handelt sich dann normalerweise um zwei verschiedene Persönlichkeiten, was logisch ist, da prägende Erfahrungen gesammelt wurden, die das Leben beeinflussen.

Vor allem im Jugendalter verändert sich die Persönlichkeit. Im späteren Alter herrscht eher Kontinuität, was aber nicht zu bedeuten hat, dass man sich dann nicht mehr entwickeln würde.

Wenn Sie Ihrer Meinung nach zum Beispiel hilfsbereit sind, dann sollte dies auch in verschiedenen Situationen zum Ausdruck kommen. Natürlich kann es in manchen Situationen der Fall sein, dass Sie Ihre Hilfsbereitschaft nicht zeigen.

Sie haben keine Zeit, haben schlechte Laune oder gerade eine schlimme Nachricht erhalten. Aus diesem Grund wollen Sie der alten Dame vor Ihnen nicht dabei helfen, ihre heruntergefallenen Münzen aufzusammeln.

Das würde aber nicht bedeuten, dass Sie nicht hilfsbereit sein können. Situationen üben eben einen großen Einfluss auf Menschen aus. In der Sozialpsychologie werden starke und schwache Situationen unterschieden.

Eine Beerdigung würde eine starke Situation darstellen, denn hier ist gesellschaftlich sehr klar vorgegeben, wie man sich zu verhalten hat. Es ist allgemein bekannt, dass man auf einer Beerdigung nicht lachen sollte. Das werden Sie ohnehin nicht, wenn es sich um Ihren Angehörigen handelt.

Selbst wenn die verstorbene Person nur entfernt mit Ihnen bekannt war, wissen Sie intuitiv, wie Sie sich zu verhalten haben.

In solchen Situationen können persönliche Eigenschaften nur bedingt Einfluss ausüben. Dass Sie in diesem Moment zurückhaltend und ruhig sind, liegt dann nicht an Ihrer Persönlichkeit, sondern in den Umständen begründet.

Vielleicht beziehen Sie die Frage des „Wer bin ich?“ aber auch sehr stark auf die Frage „Was tue ich?“ Das ist auch nur logisch, denn die Arbeit deckt nun mal einen Großteil unseres Lebens ab.

Im Normalfall verbringen wir fünf Tage die Woche acht Stunden damit. Sie können sich selbst ausrechnen, wie viel Lebenszeit dies ausmacht.

Wenn Sie sich in diesem Kontext manchmal fragen, wer Sie denn eigentlich sind oder geworden sind und ob Sie mit der aktuellen Version Ihres Selbst im beruflichen Kontext im Reinen sind, dann können Sie Gedankenexperimente wagen, um mehr dazu herauszufinden.

Stellen Sie sich vor, Sie könnten über ein Vermögen von 50 Millionen Euro verfügen. Malen Sie sich die Situation aus und überlegen Sie, was Sie damit tun würden. Vermutlich würden Sie Ihren Freunden und Ihrer Familie etwas abgeben. Sie würden sich für die Güter entscheiden, die Sie schon immer haben wollten.

Dieses Auto, jene Wohnung, dieses Klavier, jenes Smartphone. Was noch? Wenn Sie es mögen, das Ausland zu erkunden, dann wären Sie jemand, der erst einmal einige Jahren auf Reisen geht.

Sie lernen Kulturen kennen, bereisen die Welt und haben immer noch genug Geld für zwei Leben übrig. Sie spenden einen beachtlichen Betrag, legen einen Teil für Ihre Kinder zur Seite und kleiden sich neu ein.

Was dann? Glauben Sie, dass Sie Ihr gesamtes Leben dann nie wieder arbeiten würden? Wollten Sie Ihr Leben lang nur am Strand liegen?

Glauben Sie mir – nach einer gewissen Zeit hätten Sie dieses Leben satt. Menschen brauchen Beschäftigungen, auch wenn es nicht zwingend in Form einer 40-Stunden-Woche der Fall sein muss. Was würden Sie also danach tun?

Womit würden Sie Ihr Leben verbringen, wenn Geld keine Rolle mehr spielt? Sie fangen nun eventuell an, Antworten zu finden, die Ihr Leben definitiv bereichern können. Denn so dringen Sie zum Kern Ihrer intrinsischen Motivation vor.

Eine Thematik, die im weiteren Verlauf noch genauer behandelt werden wird. Sie umfasst die Lebensbereiche, die Sie wirklich interessieren und die Sie von innen heraus antreiben. Sofern Ihnen hierzu Ideen in den Sinn kommen, notieren Sie sie.

Sie sollten sich diesen Berufen, Beschäftigungen und Themen in Ihrem Leben zuwenden. Wenn Sie den entsprechenden Beruf schon ausüben, dann wissen Sie, dass Sie vieles richtig gemacht haben. Sie könnten höchstens noch in der falschen Firma gelandet sein, obwohl Ihnen das Thema an sich zusagt.

Falls nicht, sollten Sie die Branche wechseln und das tun, was Sie wirklich antreibt. Übertragen Sie das Gedankenexperiment also auf die Realität, selbst wenn Sie immer noch für Geld arbeiten müssen. Denn Sie werden es in Zukunft mit Spaß und Eifer tun.

Kapitel 2: Warum man nie aufhören sollte, seine Persönlichkeit weiter zu entwickeln

Sie sollten nie damit aufhören, sich über das gesamte Leben hinweg entwickeln zu wollen.

Bei manchen Menschen fehlt schlicht und ergreifend der Wille, das zu tun. In einem späteren Kapitel werden Sie noch genauer erfahren, welche Macht Ihre Erwartungen für Ihr Leben haben können.

Insofern stellt sich die Frage, ob sich Ihr Leben auf Ihre Erwartungen auswirkt, oder ob Ihre Erwartungen zu einem erfolgreichen oder nicht erfolgreichen Leben beitragen. Viele Menschen glauben nicht daran, dass sie sich ihr ganzes Leben lang weiterentwickeln können.

Sie sind der Meinung, dass Entwicklung ein Prozess ist, der vor allem im jungen Erwachsenenalter stattfindet. Dieser Prozess würde dann enden , wenn sie vermeintlich zu alt geworden seien. Doch wann ist man schon zu alt für eine Entwicklung? Viele sind der Meinung, das beginne dann, wenn man das Rentenalter erreicht hat. Dabei fängt das Leben doch in gewisser Hinsicht erst an, wenn man erst einmal das Berufsleben abgeschlossen hat. Natürlich hängt dies auch vom eigenen Gesundheitszustand ab. Nicht jeder Mensch kann sein Leben so genießen, wie er es gern tun würde.

Es ist Ihnen zu raten, dass Sie sich frühzeitig dafür entscheiden, positive Erwartungen an Ihr späteres Alter zu entwickeln.

Ihr Gesundheitszustand wird sich möglicherweise so entwickeln, sodass Sie erst recht positive Gedanken haben sollten. Denn die Art und Weise, wie Sie über sich und Ihre Gesundheit denken, wird dazu beitragen, wie es um Ihren Gesundheitszustand im Alter tatsächlich bestellt sein wird.

Dass das Leben tatsächlich voller Entwicklungen ist, hatte auch schon der Psychologe Erik Erikson so formuliert.

Er hat ein psychosoziales Modell der Entwicklung entworfen. Es beschäftigt sich mit der Entwicklung des Menschen über die gesamte Lebensspanne hinweg.

Damit hat Erikson auch das Feld der Entwicklungspsychologie bedient, das teilweise als unzulänglich kritisiert wurde. Die Entwicklungspsychologie beschäftigt sich in erster Linie mit der Entwicklung von Kleinkindern.

Doch dass Entwicklung in allen Lebensbereichen und in jedem Alter möglich ist, zeigt Erikson mit seinem Modell auf. Dabei definiert er verschiedene Lebensabschnitte und formuliert diesbezüglich auch Entwicklungsaufgaben, die jeder Mensch zu bewältigen hat.

Natürlich kann es auch sein, dass ein Mensch an einer Phase verzweifelt und sozusagen stehen bleibt. Jeder Mensch sammelt in jeder Phase negative und positive Erfahrungen. Wichtig ist, dass letzten Endes die positiven Erfahrungen überwiegen. In einer späteren Phase seines Modells hat sich Erikson mit dem Thema „Generativität vs. Stagnation" auseinandergesetzt.

Dieser Punkt seines Modells beschäftigt sich mit der Frage, ob sich Menschen irgendwann für die Stagnation entscheiden, oder ob sie sich noch weiterentwickeln wollen.

Stagnieren heißt also, dass man sich nicht weiterentwickeln möchte und daher an einem bestimmten Punkt stehen bleibt. Ich möchte nochmals erwähnen, dass in einem Leben natürlich immer viel passieren kann, was einen Menschen in seiner Weiterentwicklung beeinflusst.

Und doch ist die Frage nach der lebenslangen Entwicklung eine bewusste Frage, die sich daher auch bewusst beantworten lässt.

Viele Menschen entscheiden sich aber unbewusst dafür, einfach stehen zu bleiben, mehr oder weniger innerlich zu sterben, indem sie sich mit ihrer Situation abfinden.

Womöglich beklagen sie sich dann auch noch, weil sich an ihrem Zustand ja nichts ändert und schon ist der Teufelskreis perfekt. Dabei hat man gerade im Alter die Chance, von den gesammelten Erfahrungen zu profitieren. Je mehr Erfahrungen Sie gesammelt haben, desto tiefgreifender sind die Veränderungen, die Sie im Alter vornehmen können. Es hat einen Grund, warum Seniorinnen und Senioren im Volksmund „Best-Ager" genannt werden.

Bei ihnen schließt sich der Kreis insofern, als dass sie von ihren Erfahrungen profitieren und ihr Leben effizient verändern können, um Weiterentwicklung geschehen zu lassen. Die eigene Persönlichkeit kann als zarte Pflanze angesehen werden, die stets gepflegt werden muss. Stillstand bedeutet in diesem Zusammenhang dann eigentlich Rückschritt.

Wenn Sie sich für den Stillstand entscheiden, entschließen Sie sich dafür, viel zu schlafen. Sie schlafen jeden Tag bis 12 Uhr und sind irgendwann überfordert damit, wenn Sie irgendeinen Termin haben, der früher stattfindet.

Sie entwickeln sich zurück. Sie sind dem nicht mehr gewachsen, was vor der Haustür stattfindet und leben isoliert. Ähnlich verhält es sich mit dem Kontakt mit Menschen.

Wenn Sie es nicht mehr gewohnt sind, mit Menschen umzugehen, wird es Ihnen auch immer schwerer fallen, neue Menschen kennen zu lernen und dabei selbstbewusst zu sein. Gießen Sie daher diese Pflanze, die sich Persönlichkeit nennt. Es müssen nicht immer Meilensteine sein, die Sie dabei anstoßen.

Es genügt vielleicht schon, Bücher zu lesen, eine neue Sprache zu lernen, neue Menschen kennen zu lernen, Ihren Musikgeschmack zu erweitern, Filme und Serien mit außergewöhnlichen Themen zu schauen, sich in ein Thema einzulesen, etwas zu lernen, das Sie schon immer interessierte – es können vermeintliche Kleinigkeiten sein, die Ihr Leben letzten Endes verändern können.

Verabschieden Sie sich von der Lethargie und von der bloßen Akzeptanz des Status Quo – Leben bedeutet Veränderung und Dynamik. Das bemerken Sie schon, wenn Sie aus dem Fenster schauen und den Wechsel der Jahreszeiten wahrnehmen. Seien Sie also nicht der Teil der Gleichung, der sich gegen den Wandel und die natürliche Veränderung ausspricht.

Kapitel 3: Psychologie – die „Lehre der menschlichen Seele“

Die Lehre der menschlichen Seele – die Psychologie. Sie versucht die Seele, das Wesen des Menschen, etwas Immaterielles, begreifbar und vor allem messbar zu machen.

Dabei sind wir alle gewissermaßen Alltagspsychologen. Warum ist das so? Es hat unter anderem mit den Zielen zu tun, die sich die Psychologen auferlegt haben.

Psychologen möchten Verhalten beschreiben, erklären, vorhersagen und beeinflussen. Natürlich können die Ziele variieren. Das bedeutet, dass man Verhalten nicht immer vorhersagen möchte. Es kann in manchen Szenarien auch ausreichen, das Verhalten eines Menschen erklären zu können.

Psychologen wenden dazu wissenschaftliche Mittel an. Sie nutzen Interviews oder Verhaltensbeobachtungen, um Daten zu generieren. Sie wissen dann über das Verhalten, das eine Person zum Zeitpunkt X, manchmal auch über eine gewisse Spanne hinweg gezeigt hat. Diese Daten dienen der Beschreibung des Verhaltens eines Menschen. Nach der Beschreibung folgt die Erklärung.

Wie können verschiedene Beobachtungen mit einem Konstrukt erklärt werden? Stellen Sie sich vor, ein Schüler verhält sich bei Referaten schüchtern. Wird er aufgerufen, dann antwortet er nur mit leiser Stimme oder gar nicht. Er ist isoliert und hat in der Klasse keine Ansprechpartner. Das sind verschiedene Beobachtungen, die Sie gemacht haben. Wie könnte sich dies erklären lassen? Natürlich mit Persönlichkeitseigenschaften wie Schüchternheit.

Der Schüler ist schüchtern, zurückhaltend und verhält sich deshalb auf diese eine bestimmte Art und Weise. Das ist also Ihre These, die solange Bestand hat, bis Sie etwas beobachten, das nicht auf Ihre These zutrifft. Sie sehen denselben Schüler zum Beispiel, wie er vor der Schule steht, im Kreise einer coolen Jugend-Gang und illegale Drogen konsumiert.

Wie passen die ersten Beobachtungen nun zum Verhalten, das vor der Schule gezeigt wurde? Im wissenschaftlichen Kontext lässt sich natürlich genauer und besser beobachten. Man kann sich gut vorstellen, dass etwas im Labor genauer und zuverlässiger beobachtet werden kann als auf einem Schulhof. Daran merken Sie schon, wodurch sich Alltagspsychologie auszeichnet.

Überlegen Sie, wann Sie zunächst etwas beobachtet haben und dann versucht haben, eine Erklärung dafür zu finden. Andauernd! Menschen beobachten andauernd und sie erklären andauernd. Ob ihre Erklärungen diesbezüglich übereinstimmen, sei dahingestellt. Allein sich selbst beobachten Sie ja ständig. Wenn es Ihnen nicht gutgeht, dann finden Sie Thesen dafür, woran das liegen könnte.

Auch Sie wollen Ihr Verhalten beeinflussen, vielleicht auch vorhersagen. Menschen urteilen natürlich emotional, manchmal auch fehlerbehaftet. Sie handeln heuristisch. Das sind Entscheidungsregeln, die Menschen vor allem dann anwenden, wenn sie nicht viel Zeit haben bzw. noch mit anderen Dingen beschäftigt sind. Wissenschaftler müssen dagegen fundierte und vor allem möglichst objektive Urteile treffen.

Das ist auch deshalb so wichtig, weil ja teilweise über das Schicksal eines Menschen entschieden wird. Rechtspsychologen müssen beurteilen, ob jemand vielleicht wieder zum Straftäter wird oder nicht. Das beeinflusst Diagnosen, Gutachten, Prognosen.

Aus diesem Grund müssen Psychologen Leitfäden nutzen und wissenschaftliche Methoden verwenden. Sie sollten sich möglichst nicht von Emotionen leiten lassen, was aber natürlich nicht immer so einfach ist.

Menschen im Alltag beobachten sich einfach, weil es in ihrer Natur liegt. Psychologen gehen nach der wissenschaftlichen Methode vor, weil es zu ihrem Job gehört.

Es gibt anfangs eine Fragestellung, die geklärt werden muss. Diese könnte zum Beispiel lauten: suchen sich Menschen anhand von sprachlichen Parametern Beziehungspartner aus?

Ähneln sich Paare also in der Art und Weise, wie sie reden?

Diese Fragestellung soll genauer untersucht werden. Eine Hypothese wird formuliert, die entweder die eine oder die andere Richtung aufgreift. Nehmen wir an, die Hypothese lautet, die Sprache hat einen Einfluss darauf, welche Partner man sich aussucht.

Im Folgenden wird die Untersuchung entworfen und geplant. Man muss das messen können, was interessant ist. Sie könnten sich zum Beispiel dafür entscheiden, Paare zu interviewen, um ihre sprachlichen Ähnlichkeiten festzuhalten.

Dafür müssten Sie dann einen Katalog entwerfen, um überhaupt definieren zu können, was Sie mit sprachlichen Besonderheiten oder Strukturen meinen. Geht es um die Anzahl der Subjektive in einem Satz? Geht es um ähnliche Wörter, die verwendet werden?

Geht es vielleicht um die Länge der Sätze, welche von den Paaren ausgeht? Jedenfalls müssten Sie hier für sich im Vorhinein Entscheidungen treffen und ein klares Raster festlegen, das Sie im

Nachhinein verwenden können. Sie führen Ihre Methode nun durch und werten als Psychologe im Nachhinein aus.

Sie müssen Methoden verwenden, die den Gütekriterien der Psychologie entsprechen.

Diese lauten Validität, Objektivität und Reliabilität. Das sind die Hauptgütekriterien. Es gibt dazu natürlich auch noch Nebengütekriterien, dass Methoden immer fair oder ökonomisch sein müssen. Ethische Richtlinien gilt es insofern einzuhalten, als dass den Versuchspersonen keinen Schaden zugefügt wird. Die Methode muss ökonomisch sein. Wenn Sie also nur aus Spaß forschen, ohne die Forschung aber maßgeblich vorantreiben zu können, dann geben Sie viel Geld für nichts aus.

In diesem Fall wäre das Kriterium der Ökonomie also nicht erfüllt. Nun aber ein kurzes Wort zu den obigen Kriterien: die Validität gilt als die „Königin" der Gütekriterien.

Das oberste Gebot ist, dass Forschungen valide sind. Was bedeutet das? Validität bedeutet, dass mit einem Test auch wirklich das gemessen wird, was interessiert.

Wenn Sie die sprachlichen Besonderheiten von Paaren testen und Sie am Ende Ihrer Arbeit niederschreiben, dass es nachts kälter als draußen ist, dann haben Sie Ihr Thema verfehlt. Ihre Hypothesen, Testungen, Ergebnisse passen nicht zusammen. Reliabilität bedeutet, Sie wollen und müssen genau messen. Stellen Sie sich vor, Sie wollen die Körpergröße in eine bestimmte Art von Testung integrieren.

Was bringt es Ihnen, wenn Sie ungenau messen?

Hier gibt es ein schönes Beispiel, wie Reliabilität und Validität auch zusammenhängen können. Wenn Sie zum Beispiel messen wollen, wie intelligent ein Mensch ist, dann könnten Sie sich theoretisch dafür entscheiden, die Körpergröße als entsprechendes Maß zu verwenden. Sie können dann sehr reliabel messen, wenn Sie messgenau vorgehen und gut ablesen. Gleichzeitig bedeutet aber eine gute Reliabilität nicht, dass die Validität auch gut ist.

Denn Sie werden es auch so sehen, dass die Körpergröße absolut nichts über die Intelligenz aussagt. Insofern wäre diese Messmethode zwar reliabel, aber nicht valide.

Die Objektivität sagt etwas über die „Neutralität" der Vorgehensweise aus. Es geht zum Beispiel darum, dass es egal ist, wer den Test auswertet – das Ergebnis sollte immer dasselbe sein.

Auch sollte die Vorgehensweise zur Auswertung normiert und standardisiert sein. Es sollte nicht sein, dass sich die Auswertung, Durchführung oder Interpretation der Ergebnisse ändert, wenn es Änderungen hinsichtlich der auswertenden Person gibt.

Sie wissen nun etwas besser, wie psychologisch gearbeitet wird. Dass Verhalten eine äußerst komplexe Komponente ist, können Sie an der folgenden Verhaltensgleichung ablesen, die einst von den Professoren Westhoff und Kluck aufgestellt wurde. Sie formulierten das Verhalten V als eine Interaktion (I) verschiedener Komponenten: Umgebung, Organismusvariablen, Kognitionen, Emotionen, Motivation und soziale Variablen. Verhalten hängt also unter anderem von der Umgebung, von Eigenschaften des Organismus (Gesundheit/Krankheit), von Gedanken, Emotionen und natürlich von der Motivation ab. Nicht vernachlässigt werden sollten auch die sozialen Faktoren.

Hierfür kann das vorherige Beispiel der Beerdigung zur Veranschaulichung herangezogen werden. Mithilfe dieser Gleichung erahnen Sie, wie komplex psychologische Forschung sein kann, denn es gibt meistens nicht nur eine Erklärung für ein gezeigtes Verhalten, sondern mehrere.

Im Laufe der Zeit haben sich auch gewisse Paradigmen der Psychologie etabliert. Was sind Paradigmen? Es handelt sich bildhaft um Brillen, durch die die Psychologie gesehen werden kann.

Sie alle haben Gemeinsamkeiten, doch alle haben auch Unterschiede, weil sie den Fokus bei der Betrachtung des menschlichen Verhaltens unterschiedlich setzen. Teilweise hat dies auch historische Wurzeln, denn die Paradigmen sind nicht zur selben Zeit entstanden.

Das erste und auch älteste Paradigma ist vor allem durch einen Mann bekannt geworden, der bereits in der Einleitung zu diesem Werk Erwähnung fand. Sigmund Freud hat das Wesen der Psychologie insofern nachhaltig verändert, als dass er dem Unbewussten einen großen und mächtigen Einfluss eingeräumt hat. Manche Autoren behaupten, eigentlich sei es irreführend, Freud mit dem psychodynamischen Paradigma in Verbindung zu bringen.

Vielmehr müsste er dem psychoanalytischen Paradigma zugeordnet werden. Das ist insofern richtig, als dass Freud der Psychoanalyse sehr viel Zeit widmete. Zusammen mit dem Arzt Josef Breuer verfeinerte er dieses Verfahren, indem er die Vergangenheit seiner Patienten mit ihnen zusammen Revue passieren ließ.

Die Patienten lagen dabei auf dem Sofa in Freuds Büro. Chronologisch ging man verschiedene Ereignisse in deren Leben ab und versuchte dadurch, Ursachen für psychische Probleme zu finden und diese dann auch zu lösen.

Diese Therapieform hat sich letztlich durchgesetzt. Denn bis heute gibt es psychoanalytische Therapien und Verfahren, welche sich auf die

Vergangenheit eines Klienten konzentrieren. Dabei nimmt man heute mehr Rücksicht auf die Umgebung des Patienten, bezieht also nicht alles nur auf die Vergangenheit oder auf das Sexuelle, so wie es bei Freud der Fall war. Vor allem ist es also diese Therapieform, aber auch die Macht des Unbewussten, die von Freud populär gemacht wurde. Sie gilt bis heute in der Psychologie als gesichert und als relevant.

Alle anderen Freud'schen Konzepte sind zwar ebenso populär, aber nicht wissenschaftlich.

Die Theorie des Ödipus-Komplex, vereinfacht gesagt, zeigt, dass ein Sohn sehr an seiner Mutter hängt – in der zugrundeliegenden Sage möchte ein Sohn seinen Vater symbolisch töten, um die Mutter für sich allein haben zu können. Er merkt, dass dies unmöglich ist. Schließlich identifiziert er sich mit dem gleichgeschlechtlichen Elternteil und lässt den Komplex damit hinter sich. Ein ähnlicher Komplex, der allerdings schwächer sein soll, sieht Freud auch bei Mädchen – den Elektra-Komplex.

Von ihm stammte auch die Idee der Kastrationsangst bei Jungen bzw. des Penisneids, den Mädchen offenbar spüren. Ernest Jones, der einst eine Biographie über Freud schrieb, forderte indirekt posthum einen Nobelpreis für Freud. Allerdings nicht für Wissenschaft, Medizin, Psychologie etc. – sondern eher für Literatur. Das liegt an den literarischen Ausführungen und an der besonderen Sprache, welche Freud wählte. Allein an den Begriffen Ödipus oder Elektra können Sie ablesen, dass sich Freud für griechische Mythologie interessiert haben muss. Ein Problem, das mit diesem Paradigma verbunden ist, erkennen Sie schon, wenn Sie nochmals einen Blick auf die Ziele der modernen Psychologie werfen. Diese will das Verhalten vorhersagen.

Freud traf allerdings rückwärtsgewandte Aussagen, die sich damit logischerweise nicht überprüfen lassen. Wenn ein Patient zu Freud kam und ständig schrie, Freud dies auf ein Erlebnis in der Kindheit zurückführte – wie könnte dann wissenschaftlich sichergestellt werden, dass dieses Erlebnis tatsächlich für diese Störung verantwortlich ist? Eine gute psychologische und wissenschaftliche These muss sich immer belegen, aber auch immer widerlegen lassen. Während Freud über Entropie, die Energie des Menschen, sowohl psychischer als auch physischer Natur sprach, die Evolution hervorhob und alles als „determiniert" ansah – das heißt, jegliches Verhalten sei motiviert – hoben die Behavioristen die Rolle der Umwelt hervor.

Etwas mehr zu Freud und seinen Gedanken werden Sie noch im Kapitel zum Unbewussten lesen können.

Die Behavioristen betonten die Rolle der Umgebung und Umwelt insofern, als dass der Mensch im Prinzip nur ein Produkt der Umwelteinflüsse sei. Er würde aus manchen Gegebenheiten lernen und dies würde die Wahrscheinlichkeit vergrößern, dass ein Verhalten in Zukunft auch wieder gezeigt würde. Das Paradigma wurde anfangs an Tieren getestet. Vielleicht sagt Ihnen der Name Ivan Pavlov etwas.

Er ließ ein Experiment bekannt werden, das als „Der Pawlowsche Hund" in die Geschichte eingehen sollte. Er fand durch dieses Experiment heraus, dass sich angeborene Reflexe mit Reizen kombinieren lassen. Pavlov bemerkte, dass ein Hund Speichel absondert, wenn er frisst bzw. weiß, dass er gleich fressen wird. Das hat natürlich auch evolutionäre Gründe. Er koppelte diesen natürlichen Reflex an eine künstliche Bedingung – das Schlagen einer Glocke. Wann immer die Glocke ertönte, wusste der Hund, dass er gleich Nahrung erhalten wird. Irgendwann musste Pavlov nur noch die Glocke schlagen lassen und der Hund begann zu speicheln. Der Hund wurde auf diese Art und Weise klassisch konditioniert.

Eine klassische Konditionierung ist eine Reaktion zwischen einem Reiz und einer bestimmten Antwort auf diesen Reiz. Später erweiterten die Behavioristen dieses Konzept um die operante Konditionierung. Neben Reiz und Reaktion stand nun noch die Konsequenz in der Gleichung.

Die operante Konditionierung bzw. der Behaviorismus im Allgemeinen lieferten Beiträge zu einer verbesserten Kindererziehung. Inwiefern?

Die operante Konditionierung unterscheidet positiver von negativer Verstärkung bzw. positive von negativer Bestrafung. Der erste Wortteil beschreibt die Tatsache, ob ein Reiz hinzugefügt oder entfernt wurde. Das Wort „positiv“ impliziert also eine Hinzunahme des Reizes. Das Wort „Verstärkung“ beschreibt die Tatsache, ob die Auftretenswahrscheinlichkeit in der Zukunft steigt oder nicht. Bei „Verstärkung“ steigt sie, bei „Bestrafung“ sinkt sie. Wenn Sie einem Hund eine Belohnung geben, fügen Sie einen Reiz hinzu. Dadurch sorgen Sie dafür, dass der Hund ein gewisses Verhalten in Zukunft wieder zeigen wird, beispielsweise ein Kunststück.

Es steigt die Wahrscheinlichkeit für eben jenes Verhalten in der Zukunft. Bei der positiven Bestrafung hingegen würde man einen Reiz hinzufügen und die Wahrscheinlichkeit für das Verhalten würde abnehmen. Bei den Begriffen „positiv“ oder „negativ“ geht es also nicht darum, ob etwas als positiv oder negativ empfunden wird.

Es sind die Umgebungsbedingungen, die im Zuge des Behaviorismus dominieren. Die Wissenschaftler hatten es sich außerdem zur Aufgabe gemacht, genau zu messen, was heute noch als Erbe für die moderne Psychologie anzusehen ist.

Laut dem nächsten Paradigma, dem Kognitivismus, haben die Behavioristen aber etwas vernachlässigt: die Rolle, die der Mensch dabei spielt. Vielmehr als der Mensch stehen hier seine Kognitionen im Vordergrund: Gedanken, Aufmerksamkeit, Gedächtnis, Entscheidungen, Emotionen usw.

Auch hier hat sich eine Therapieform etabliert, die bis heute Bestand hat: die kognitive Verhaltenstherapie, die sich vor allem mit den Gedanken der Patienten bzw. Klienten beschäftigt. Wichtig ist auch das Konzept der kognitiven Dissonanz.

Was versteht man darunter? Wir Menschen tragen unvereinbare Glaubenssätze und Gedankenstränge in uns, ohne dass wir uns dessen immer bewusst wären. Stellen Sie sich vor, Sie haben eine wichtige Klausur zu bewältigen, die über Ihr weiteres Leben entscheiden wird.

Sie wissen dies einerseits und trotzdem schieben Sie die Vorbereitung dazu auf und machen sich das Leben dadurch selbst schwer.

Das wäre das Beispiel für eine klassische kognitive Dissonanz, denn offensichtlich haben Sie hier ja zwei Überzeugungen in sich, die nicht zusammenpassen. Ihnen sei gesagt, dass Menschen zahlreiche solcher Dissonanzen in sich tragen und sie quasi die ganze Zeit damit beschäftigt sind, solche Dissonanzen aufzulösen.

Dies kann prinzipiell auf drei verschiedene Arten und Weisen erfolgen.

Menschen ändern ihr Verhalten bzw. ihre Einstellung oder die Wahrnehmung des Verhaltens. Sie könnten Ihr Verhalten also ändern, indem Sie doch lernen und mit dem Aufschieben aufhören.

Natürlich könnten Sie sich auch dafür entscheiden, nicht zu lernen, denn auch dann wäre Ihre Dissonanz ja aufgehoben.

Sie können Ihre Wahrnehmungen und Einstellungen verändern. In diesem Fall würden Sie sagen, dass Sie ja wenig gelernt haben, Ihre Kollegen aber noch weniger gelernt haben. Oder Sie stellen fest, dass Sie beim letzten Mal ja auch erst vier Stunden vorher mit dem Lernen anfingen und eine gute Note erhielten.

Es gibt aber auch noch eine dritte Variante, um eine solche Dissonanz aufzulösen und zwar das Leugnen von Informationen. Sie wollen diese Dissonanz schlichtweg nicht sehen und verdrängen sie.

Das kann auf kurze Sicht gutgehen, doch auf Dauer eher weniger, denn früher oder später wird Sie die Klausur in diesem Beispiel schließlich einholen.

Das humanistische Paradigma stellt den Menschen und seinen Drang nach Selbstverwirklichung in den Vordergrund. Abraham Maslow war ein einflussreicher Psychologe, der sich diesem Paradigma verschrieb. Er definierte die Bedürfnispyramide.

Am oberen Ende der Pyramide stand das Bedürfnis der schon beschriebenen Selbstverwirklichung, auch „self-actualization“ genannt.

Das unterste Fundament der besagten Pyramide bilden die physischen Bedürfnisse, aber auch die Bedürfnisse nach Sicherheit oder Beziehungen. Der Mensch strebt laut dem humanistischen Paradigma stets nach Weiterentwicklung. Man verfolgt hier ganzheitliche, holistische Ansätze. Etwas poetischer könnte man es ausdrücken, indem man sagt, der Mensch sei mehr als nur die Summe seiner Teile.

Auch aus dem Humanismus hat sich eine Therapieform abgeleitet, nämlich die klientenzentrierte Therapie, in der die Wünsche des Klienten stark im Vordergrund stehen.

Das evolutionäre Paradigma betrachtet das menschliche Erleben und Verhalten durch eine evolutionäre Brille. Schließlich hat sich alles, was heute als Verhalten und Erleben gezählt werden kann, aus evolutionären Wurzeln und Bedürfnissen entwickelt. Natürlich fand eine Weiterentwicklung statt und wir leben und agieren heute teilweise auch losgelöst von der Evolution.

Dennoch sind evolutive Merkmale und Bausteine immer noch in uns und steuern uns. Insofern liefert dieses Paradigma eine wichtige Sicht auf die Psychologie, zumal es die Wissenschaftler dieses Paradigmas nicht immer sehr leicht haben, da man hier ausschließlich auf Quellen zurückgreifen kann. Denn wie sollte man Experimente durchführen können, die sich auf die Evolution beziehen?

Natürlich gibt es auch biologische Wege, das menschliche Verhalten zu beschreiben. Physiologische Messungen und Methoden sind für die Wissenschaft sehr wichtig. So verhält es sich natürlich auch mit der Psychologie.

Das biologische Paradigma befasst sich demnach mit dem Nervensystem und dem Hormonsystem des Menschen.

Es gilt, die elektrischen und chemischen Aktivitäten im Körper nachvollziehen zu können. In diesem Zusammenhang sind verschiedene physiologische Methoden zur Messung relevant wie EKG, EEG, MRT usw.

Zuletzt ist noch das kulturvergleichende Paradigma zu nennen. Die Forschung hat es manchmal so an sich, dass sie sehr einseitig ist – insofern, als dass die Versuchsteilnehmer nur einer Ethnie angehören. Teilweise werden auch nur reiche oder weiße Menschen in Studien miteinbezogen.

Generell untersucht man mit Europäern und US-Amerikanern, vergisst aber dabei, dass viele Ergebnisse auf kulturelle Aspekte und Gegebenheiten zurückzuführen sind. Eine gängige Kritik diesbezüglich besagt deshalb, die Forschung würde nur bzw. vermehrt „WEIRD People" berücksichtigen.

Mit WEIRD meint man in diesem Fall western, educated, industrialized, rich, democractic – sprich westliche, gebildete, reiche und demokratische Versuchsteilnehmer oder Studien für industrialisierte Staaten.

Doch schließlich soll sich Forschung ja auf alle beziehen. Dass Kulturen einen hohen Einfluss auf die Psychologie haben, zeigt sich sehr deutlich bei der Untersuchung von US-amerikanischen und asiatischen Probanden, beispielsweise aus Japan oder China. Den US-Amerikanern werden hierbei individualistische Züge zugesprochen.

Sie sehen die eigene Weiterentwicklung eher im Vordergrund, was man mit dem altbekannten Traum eines US-Amerikaners vom Tellerwäscher zum Millionär übersetzen könnte.

In Asien ist das Kollektivistische hingegen eher verbreitet, was bedeutet, dass das Gruppendenken und das Allgemeinwohl eine größere Rolle spielen. Man selbst tritt für das „große Ganze" also eher zurück. Anhand eines Experiments konnte man sogar zeigen, dass Asiaten in einem Aquarium auf alle Fische gleichermaßen achteten.

Die US-Amerikaner hingegen konzentrierten sich vermehrt auf den größten und dicksten Fisch im Aquarium und ignorierten den Rest.

Teilweise „bekämpften" sich diese Paradigmen bzw. widersprachen sich. Es ist aber wichtig zu wissen, dass jedes Paradigma seine Daseinsberechtigung hat. Alle sind wichtig und alle haben gleichermaßen zur Entwicklung der Psychologie beigetragen, wie wir sie heute kennen. Für das weitere Verständnis ist es wichtig, zu wissen, was die Paradigmen ungefähr aussagen.

Kapitel 4:_„Was macht mich aus?“ Die Persönlichkeitspsychologie

Big Five – ein beliebtes Modell zur Persönlichkeit des Menschen

Was untersucht die Persönlichkeitspsychologie bzw. die Differentielle Psychologie im Speziellen?

Wir Menschen haben viele Gemeinsamkeiten, was unter anderem daran liegt, dass wir alle als Gesellschaft in einen sozialen Kontext eingebettet sind.

Diese Muster und Gemeinsamkeiten weiß die Sozialpsychologie zu erforschen. Allerdings gibt es zwischen Menschen natürlich auch ganz klare Unterschiede. Das ist das Forschungsfeld der Persönlichkeitspsychologie. Hier beschäftigt man sich also mit den Unterschieden zwischen den Menschen.

Je nachdem, wie sie aufwachsen und wie sie genetisch ausgestattet sind, können sich Menschen sehr unterschiedlich entwickeln. Das gilt selbst für zweieiige Zwillinge, von denen man annehmen könnte, dass sie sich sehr ähnlich entwickeln.

Doch die genetischen Eigenheiten und die Art und Weise, wie Kinder und Erwachsene ihre Umwelt und Umgebung erleben, verändert deren Persönlichkeit. Ein Maß, das Sie kennen und das von der Persönlichkeitspsychologie oft untersucht wird, ist die Intelligenz.

Zunächst gibt es viele verschiedene Intelligenztheorien von verschiedenen Psychologen. Alle untersuchen ungefähr dasselbe und doch gibt es unterschiedliche Herangehensweisen an dieses Konstrukt.

Der US-amerikanische Persönlichkeitspsychologe Cattell war der Meinung, es gebe eine kristalline und eine fluide Intelligenz.

Die kristalline Intelligenz sei eher angeboren und verändere sich über ein Leben hinweg nur über eine bestimmte Zeit. Etwas anders sei es bei der fluiden Intelligenz, die erworben werden könne und im Vergleich auch länger im Laufe des Lebens entwicklungsfähig sei.

Allerdings seien beide Formen der Intelligenz nicht unabhängig voneinander. Die kristalline Intelligenz nähme Einfluss auf die fluide Intelligenz. Manche Psychologen haben eine solche Zweiteilung jedoch nicht vorgenommen. Sie haben sich für einen allgemeinen g-Faktor der Intelligenz ausgesprochen und ergänzen diesen Faktor nur noch mit weiteren Untersuchungen.

Dabei sind sämtliche Intelligenztests im Grunde ähnlich aufgebaut. Stets stehen hierbei Kognitionen im Vordergrund. Vielleicht haben Sie einen solchen Intelligenztest auch schon selbst gesehen.

Es geht normalerweise um das Gedächtnis, um die Fähigkeit, Muster zu ergänzen, manchmal auch darum, Wortanalogien oder Zahlenreihen zu bilden. Die Messung des IQs ist unter anderem deshalb so wichtig, weil daraus Sachverhalte abgeleitet werden können. Menschen mit einer Intelligenzminderung müssen unter Umständen gesondert betreut werden. Aber auch Menschen mit einem hohen IQ könnten im täglichen Leben auf Probleme stoßen.

Bei Kindern bietet sich das Wissen über den IQ ebenso an. Doch die Persönlichkeitspsychologie ist keinesfalls nur auf das Thema IQ beschränkt, das ohnehin umstritten ist. Manche Kritiker sagten eins, Intelligenz sei das, was ein Intelligenztest messe.

Man kann dem durchaus zustimmen: die Art der Messung entscheidet über das Ergebnis. Wir wissen schließlich nichts über eine natürliche Intelligenz, die schon von Beginn der Menschheit an vorhanden war und anhand klarer Messungen abgelesen werden könnte.

Manche Wissenschaftler sind der Meinung, man solle auch die emotionale Intelligenz oder soziale Intelligenz von Menschen in Betracht ziehen, denn diese können im täglichen Leben ebenso relevant werden. Es stellt sich auch hier wieder die Frage, wie diese Konstrukte zu definieren sind.

Ansonsten werden Sie im Feld der Persönlichkeitspsychologie verschiedenen Pionieren begegnen, die Aussagen über die menschliche Persönlichkeit treffen. Freud ist hier zu nennen, aber auch Psychologen wie Walter Mischel, die zum Thema Belohnungsaufschub recherchiert haben. Hier geht es um die Fähigkeit des Menschen, Belohnungen unterdrücken zu können bzw. eine entsprechende Ausdauer zu besitzen. Schon bei Kindern wird diese Fähigkeit gemessen.

Im Zuge des Marshmello-Tests gibt man Kindern die Chance, ein Marshmello zu essen. Man verspricht ihnen im Rahmen des Experiments ein zweites Marshmello, wenn sie dazu in der Lage sind, eine bestimmte Zeit zu warten.

Ein weiterer Psychologe ist hier zu nennen, Hans Jürgen Eysenck, der die biologischen Facetten der Persönlichkeit erforscht hat. Schließlich gibt es auch biologische Gründe und Ursprünge für die Persönlichkeiten. Tendenzen, die Verhalten hemmen und anregen, sind schließlich auch in uns und in der Anatomie des Menschen verankert. Das wohl bekannteste Modell der Persönlichkeitspsychologie ist das OCEAN-Modell. „OCEAN" ist dabei die Abkürzung für die fünf Dimensionen der Persönlichkeit, welche beschrieben werden.

Das O steht dabei für Offenheit für neue Erfahrungen, das E für Extraversion, das C für Conscientiousness, was Gewissenhaftigkeit bedeutet. Mit A meint man Agreeableness, also Verträglichkeit und mit N den Neurotizismus. Da es sich um fünf Dimensionen handelt, spricht man hier auch von den „Big Five". Schon in den 1930er-Jahren forschte man mithilfe dieses Modells an der Persönlichkeit. Alles begann mit dem lexikalischen Ansatz.

Dafür schaute man sich an, welche Eigenschaften zur Beschreibung der Persönlichkeit schon existierten, um letztlich mithilfe einer Faktorenanalyse die wichtigsten Facetten herauszufiltern. Eine Faktorenanalyse können Sie sich vorstellen wie das Reduzieren der wichtigsten Daten auf eine überschaubare Struktur. Anfangs standen etwa 18.000 Begriffe zur Beschreibung der Persönlichkeit fest. Es gilt als das Standardmodell der Persönlichkeitsforschung.

Je nach Autor und Wissenschaftler wird das Modell allerdings etwas anders verstanden und interpretiert. Im Folgenden soll die Version von Costa und McCrae im Vordergrund stehen. Durch die folgenden Ausführungen erfahren Sie noch etwas besser, wofür die „Big Five" genau stehen.

Die Dimension Offenheit für Erfahrungen zeichnet sich demnach durch entsprechende Eigenschaften aus. Menschen, bei denen diese Dimension des Modells stark ausgeprägt ist, sind eher weniger konservativ und auch nicht allzu vorsichtig. Dahingegen sind sie erfinderisch und neugierig. Sie sind offen, wenn es darum geht, neue Erfahrungen, Erlebnisse und Eindrücke zu sammeln.

Menschen, die hier hohe Werte aufweisen, gaben an, rege Fantasien zu haben. Das heißt auch, dass sie positive wie negative Gefühle sehr intensiv wahrnehmen. Außerdem sind sie als intellektuell, wissbegierig, kreativ, experimentierfreudig und häufig auch als künstlerisch interessiert einzuschätzen. Sie sind auch dafür bekannt, bestehende Normen und den Status Quo kritisch zu hinterfragen.

Sie öffnen sich neuen sozialen, ethischen und vor allem politischen Vorstellungen und Modellen gern. Man könnte diese Personen als unkonventionell bezeichnen. Sie neigen dazu, Abwechslung in ihrem Leben zu begrüßen. Im Gegensatz dazu sind Personen mit niedrigen Werten in diesem Bereich eher konventionell und konservativ unterwegs.

Sie bevorzugen das, was schon bekannt ist. Ihre emotionalen Reaktionen sind daher auch eher gemäßigt, also nicht überschwänglich ausgeprägt.

Was genau meint man mit der Dimension der Gewissenhaftigkeit? Unter anderem geht es um Eigenschaften wie Zielstrebigkeit und Selbstkontrolle. Auch wird damit die Präzision beschrieben, die ein Mensch an den Tag legt. Bei hoch ausgeprägten Werten sind Menschen eher organisierend und planend, vor allem auch sorgfältig unterwegs.

Noch dazu kann man sie als zuverlässig, überlegt, effektiv und verantwortungsbewusst beschreiben. Ist diese Dimension bei Menschen hingegen eher weniger stark ausgeprägt, sind sie in der Regel weniger sorgfältig, ungenau bzw. eher spontan. Gewissenhafte Menschen sind weniger unbekümmert und auch nicht allzu nachlässig.

Wie verhält es sich mit Personen, die hohe Werte im Bereich Extraversion aufweisen?

Sie sind gesellig und auch weniger reserviert oder zurückhaltend. Man könnte die Dimension der Extraversion dabei auch mit Begeisterungsfähigkeit übersetzen. Extraversion bedeutet damit auch, dass entsprechende Personen gesellig, aktiv und gesprächig sind.

Sie orientieren sich gern an ihren Mitmenschen, sind herzlich, optimistisch und heiter, gleichzeitig aber auch sehr empfänglich, wen es darum geht, sich anzuregen bzw. aufzuregen. Ganz anders verhält es sich mit introvertierten Personen. Sie können als eher zurückhaltend beschrieben werden, vor allem, wenn es um soziale Interaktion geht. Auch sind sie gern allein und unabhängig, was nicht bedeutet, dass sie weniger aktiv sind, doch dabei sind sie im Vergleich seltener in Gesellschaft.

Sind Menschen hingegen sehr verträglich im Sinne des OCEAN-Modells, dann sind sie altruistisch. Sie gehen auf ihre Mitmenschen mit Verständnis zu. Sie sind mitfühlend, wohlwollend, helfen anderen gern und sind überzeugt, dass sich ihre Mitmenschen ähnlich verhalten werden. Aus diesem Grund treffen auch die Eigenschaften Kooperationsbereitschaft und Nachgiebigkeit auf sie zu.

Sie sind hingegen eher misstrauisch, egoistisch, wettbewerbsorientiert und weniger kooperativ, wenn sie dimensional gesehen weniger verträglich sind. Die sozialen Normen innerhalb unserer Gesellschaft erfordern ein hohes Maß an Verträglichkeit. Maximal verträglich zu sein, kann im Leben aber auch Nachteile mit sich bringen.

Zuletzt bleibt dann noch die Dimension des Neurotizismus. Was ist damit gemeint?

Im Grunde genommen fokussiert man sich mit dieser Dimension auf die Unterschiede im Erleben von negativen Emotionen. Manche Autoren sprechen auch nicht vom Neurotizismus, sondern übersetzen diese Dimension mit emotionaler Labilität. Was wäre das Gegenteil oder ein Gegenpol hierzu? Eher eine emotionale Stabilität, auch Zufriedenheit oder Ich-Stärke. Doch sind Menschen sehr neurotisch, dann sind sie automatisch ängstlicher, sehr häufig nervös und angespannt. Sie berichten im Vergleich häufiger von Trauer, Unsicherheit und Verlegenheit.

Nicht nur werden solche Gefühle intensiver berichtet, sie treten im Vergleich auch länger auf. Das bedeutet aber auch, dass sie sensibler, also anfälliger für solche Gefühle sind. Neurotische Menschen sorgen sich überdurchschnittlich häufig um ihre Gesundheit. Ihre Ideen sind eher unrealistisch und sie haben Probleme damit, in stressigen Situationen die nötige Ruhe zu bewahren. Ruhig, stabil, sicher, entspannt und auch eher zufrieden sind Menschen, die auf der Dimension Neurotizismus niedrige Werte aufweisen. Diese Personen berichten seltener von negativen Emotionen, was aber im Gegensatz nicht bedeuten muss, dass sie besonders leicht positiv gestimmt werden oder ständig gut gelaunt sind.

Definition

„Auf der Spur meines Selbst" – Wie entsteht Persönlichkeit?

Vielleicht wissen Sie, wie Sie Ihre Persönlichkeit beschreiben würden. Doch wie entsteht eine Persönlichkeit überhaupt? Pauschal ist das schwierig zu sagen, denn es gibt nie nur einen Faktor, der für die Entstehung einer Persönlichkeit verantwortlich ist. Natürlich sind es genetische Faktoren, durch welche sich auch Persönlichkeitseigenschaften vererben.

Die Umwelt spielt eine entscheidende Rolle. Der britische Kinderpsychiater John Bowlby begründete die Bindungstheorie, nach der Kinder sehr früh in ihrem Leben ein Arbeitsmodell entwickeln, das für ihr weiteres Leben sehr relevant sein wird. Je nachdem, wie Kinder von ihren Eltern in frühen Jahren des Lebens behandelt wurden, wird sich ihr eigener Bindungsstil herauskristallisieren.

Die Art und Weise, wie Eltern also mit einem Kind umgehen, wirkt sich auch darauf aus, welches Verhalten Kinder später als Erwachsene in Beziehungen zeigen und wie sie eventuell mit ihren eigenen Kindern umgehen werden. Insbesondere im Buch „Das Kind in dir muss Heimat finden", welches zum Bestseller avancierte, geht es um Bindungsstile bzw. darum, wie unser Verhältnis zu den eigenen Eltern in der Kindheit uns für das weitere Leben prägt.

Natürlich ist nichts insofern vorherbestimmt, als dass es sich später im Leben nicht noch ändern könnte. Dennoch wird im Buch von einem Sonnenkind und Schattenkind in uns gesprochen. Das Sonnenkind hat all die positiven Werte verinnerlicht, die von den Eltern anerzogen, beigebracht, reflektiert wurden. Das Schattenkind beinhaltet die negativen Facetten. Das bedeutet nicht, dass Eltern Negatives bewusst anerzogen oder beigebracht haben.

Es könnte zum Beispiel schon reichen, dass eine alleinerziehende Mutter ihren Sohn großziehen, aber gleichzeitig noch arbeiten musste.

So hat der Sohn indirekt mit auf den Weg bekommen, dass er für sich selbst sorgen muss. Die Bindung zu seiner Mutter konnte sich nicht allzu sehr vertiefen, weil der Kontakt für seine Bedürfnisse zu selten vorhanden war.

Als Kind kann man dies noch nicht einordnen.

Man nimmt vieles persönlich und gelangt schnell zur Ansicht, etwas nicht richtig gemacht zu haben. Wird ein Kind geschlagen, dann weiß es nicht automatisch, dass dies falsch ist und es sich von den Eltern distanzieren sollte. Es wird versuchen, geliebt zu werden und wird unbewusst die Annahme vertreten, die Gewalt verdient zu haben. Neben der engen zwischenmenschlichen Beziehung in dieser Phase sind ebenso Einflüsse in sozialen Kontexten, wie im Kindergarten, in der Schule etc. elementar wichtig.

Auch die Freunde stellen einen maßgeblichen Einfluss dar, weil sie manchmal das repräsentieren, was die Eltern nicht sind, nicht sein sollten bzw. dürfen. Erfahrungen und Traumata verändern Menschen und ihre Persönlichkeit. Auch die Entwicklungen im Alltag tragen dazu bei, dass sich Menschen anpassen und verändern müssen.

Man spricht dann von einer Persönlichkeitseigenschaft, wenn ein bestimmtes Verhalten über eine gewisse Zeit hinweg und in mehreren verschiedenen Situationen auftritt.

Glaubenssätze, die von Eltern transportiert werden, erste Einflüsse der Umwelt durch Freunde, Schule, Familie, Kindergarten – Zeichen der Zeit, seien es vielleicht nur die Zeichen der Modernisierung und des Smartphone-Zeitalters – all diese Facetten formen eine Persönlichkeit schon zu einem frühen Zeitpunkt im Leben. Ansonsten entwickelt sich die Persönlichkeit natürlich stetig weiter.

Dabei ist aber auch ein vermeintlicher Rückschritt als Entwicklung zu betrachten. Eine Entwicklung muss nicht immer mit einem konkreten Ziel oder Endpunkt verknüpft sein. Beachten Sie in diesem Kontext die beschriebenen Phasen nach Erikson. So merken Sie, dass es im Leben immer wieder diverse Entwicklungsaufgaben gibt, welche die Persönlichkeit reifen lassen können.

Big-Five-Selbsttest: Welche Persönlichkeit steckt in mir?

Sie haben nun etwas über die „Big Five" kennen gelernt und wissen, dass es sich dabei um ein sehr einflussreiches Modell zum Erforschen der menschlichen Persönlichkeit handelt. Nun haben Sie sich vielleicht auch schon gefragt, wie Sie in einem entsprechenden Test abschneiden würden und welche Dimensionen bei Ihnen wie präsentiert sind. Es geht bei diesem Test im Übrigen nicht darum, dass Sie nur eine dieser fünf Dimensionen aufweisen.

Jeder Mensch trägt jede Dimension in sich. Die Frage stellt sich nur, in welcher Intensität und in welchem Ausmaß dies der Fall ist. Sie werden auf verschiedenen Webseiten viele Versionen von Persönlichkeitstests finden.

In diesem Buch haben wir uns für eine kompakte Version entschieden, die weniger umfangreich ist. Dennoch wird sie Ihnen ermöglichen, die eine oder andere spannende Entdeckung zu Ihrer Persönlichkeit machen zu können.

Sie werden Tendenzen ableiten und das Prinzip dahinter erkennen. Alles, was Sie für den Test tun müssen, ist das Beantworten der Frage auf eine möglichst intuitive Art und Weise. Sie sollten über die Fragen nicht lang nachdenken, sondern spontan antworten. Notieren Sie sich den jeweiligen Buchstaben, den Sie gewählt haben, denn am Ende entscheidet der am häufigsten auftauchende Buchstabe über Ihre Ausprägungen in den verschiedenen Dimensionen.

Viel Spaß mit dem Kurz-Test!

Szenario 1/9: Sie haben schon lang einen Plan definiert, erfahren aber am Tag selbst, dass es Komplikationen gibt und Sie Ihren Plan nicht so durchführen können, wie Sie es wollten. Wie werden Sie darauf reagieren?

a) Sie passen sich kurzfristig an und lassen sich von diesem unerwarteten Ereignis nicht aus der Bahn werfen.

b) Ohne Ihren Plan sind Sie aufgeschmissen! Sie sind wie von der Rolle und benötigen einige Zeit, ehe Sie sich wieder aufrappeln können.

c) Sie können auf diese Frage nicht so pauschal antworten, doch im Zweifelsfall vertrauen Sie auf andere Menschen, beispielsweise Ihre Freunde, die Ihnen generell in jeder Lebenslage weiterhelfen können.

d) Sie sehen es pragmatisch: diese ungeplante Situation wird Sie etwas lehren, weshalb Sie das ungeplante Szenario so nehmen, wie es kommt.

Szenario 2/9: Es ist Ihr erster Arbeitstag an der neuen Arbeitsstelle; alternativ können Sie sich auch vorstellen, es handele sich um Ihren ersten Schultag oder um den ersten Tag im Studium. Wie sieht Ihre Vorgehensweise aus?

a) Sie sind für solche Situationen wie gemacht. Im Nu werden Sie die Herzen erobern, zu unterhalten wissen bzw. generell schnell Anschluss finden.

b) Sie werden sich im Hintergrund aufhalten und nur das Nötigste sagen oder tun, denn solche Situationen, in denen Sie mit fremden Einflüssen konfrontiert werden, meiden Sie ganz gern. Sie vertrauen darauf, dass Sie mit der Zeit alle noch besser kennenlernen.

c) Sie orientieren sich an jemandem, den Sie schon gut kennen bzw. Sie beginnen auf kleiner Ebene, indem Sie sich zuerst mit einer Person unterhalten. Durch diese Unterhaltung schöpfen Sie etwas Energie, sodass Sie es durch den ersten Tag schaffen.

d) Sie müssen nicht der Mittelpunkt der Veranstaltung sein; dennoch empfinden Sie solche Situationen als leicht zu handeln. Sie gehen unverkrampft an die Sache heran.

Szenario 3/9: Morgen steht Ihre erste Klausur an, Sie haben noch vieles vor sich. Alternativ stehen Sie kurz vor dem Verstreichen einer wichtigen Deadline. Wie beschreiben Sie Ihre Gemütslage?

a) Sie meistern diese Situation, denn Sie sind stressresistent und wissen mit der Situation umzugehen.

b) Leider sind Sie ein nervliches Wrack, was sich nicht nur auf Ihre Psyche, sondern auch auf Ihr körperliches Wohlbefinden auswirkt.

c) Sie würden von sich nicht behaupten, gut mit Stress umgehen zu können, doch Sie wissen, was zu tun ist, damit die Situation für Sie besser wird.

d) Auch hier sehen Sie es wieder pragmatisch: stressige Situationen gehören zum Leben nun mal dazu.

Szenario 4/9: Für morgen wurde um 9 Uhr ein wichtiges Meeting anberaumt. Wie werden Sie sich verhalten?

a) Sie werden, wie bei jedem anderen Meeting auch, pünktlicher als die Uhr selbst sein.

b) Sie sind nicht nur pünktlich, sondern zu pünktlich. 30 Minuten zuvor sind Sie der oder die Erste im Raum und treffen bereits Vorbereitungen.

c) Sie denken sich, dass 8:55 Uhr doch reicht. Es kann auch gut sein, dass es fünf Minuten später werden, woraus Sie sich aber nicht viel machen, denn schließlich werden Sie trotzdem alles mitbekommen.

d) Sie wollen pünktlich sein, übertreiben es aber nicht. Um 8:50 Uhr erscheinen Sie im Büro, verschaffen sich kurz einen Überblick über die Lage und sind dann bereit.

Szenario 5/9: Im Zuge eines Kantinengesprächs ecken Sie an, weil Sie sich als Vegetarier geoutet haben. Sie merken, dass Ihr Gegenüber spöttisch darauf reagiert und offensichtlich eine andere Meinung zum Thema hat. Was wäre Ihnen am liebsten?

a) Er oder sie spricht Sie einfach auf das Thema an und man diskutiert darüber, ehe es zu einer peinlichen Stille oder zu Ungereimtheiten kommt.

b) Sie verstehen es, dass man Ihre Einstellung zu diesem Thema nicht nachvollziehen kann und werden nichts weiter unternehmen.

c) Sie wären dazu bereit, über dieses Thema zu diskutieren, doch Sie sehen es absolut nicht ein, Ihre Entscheidung zu „rechtfertigen".

d) Andere Menschen – andere Haltungen: es ist Ihnen regelrecht egal, was Ihr Gegenüber dazu meint, denn die Meinungen gehen eben auseinander.

Szenario 6/9: Sie sitzen im Büro, starren auf den Computer-Bildschirm, ehe Ihr Blick auf ein Bild schweift, das neben dem Computer steht. Was würden Sie am ehesten hier platziert haben?

a) Sie haben sich nicht für ein Urlaubsbild entschieden. Allgemein bräuchten Sie in Ihrem Büro überhaupt kein Bild.

b) Sie haben ein Bild aus dem letzten Karibik-Urlaub aufgestellt und verlieren sich sofort in Tagträumereien. Wie schön wäre es doch, wieder dort zu sein!

c) Sie hätten hier ein Zitat platziert, das Sie inspiriert. Allgemein halten Sie viel von motivierenden Zitaten oder Bildern, die zum Nachdenken anregen, Sie aber nicht komplett „aus der Realität" nehmen.

d) Sie haben derartige Ablenkungen an Ihrem Arbeitsplatz nicht nötig. Für Sie zählt das, was sich auf dem Bildschirm abspielt.

Szenario 7/9: Bei einem Münzwurf müssen Sie 50 € auf „Zahl“ setzen, bekommen 100 €, wenn „Zahl“ geworfen wird, verlieren aber die 50 €, wenn „Kopf“ erscheint. Gehen Sie auf das Szenario ein?

a) Schneller als andere gucken können, haben Sie die erforderlichen 50 € gesetzt.
b) Keinesfalls würden Sie auf ein solches Angebot eingehen.
c) Sie können darauf nicht sofort antworten. Früher hätten Sie einem solchen Deal zugestimmt, heute würden Sie hier je nach Situation (wo befinden Sie sich, welches Szenario etc.) entscheiden.
d) Sie würden das von Ihrem Kontostand abhängig machen. Warum sollten Sie schließlich ohne Not Geld aufs Spiel setzen?

Szenario 8/9: Sie haben gerade ein Referat gehalten. Jemand meldet sich und sagt, das sei das beste Referat gewesen, das er je gehört habe. Sie werden nach Ihrem Erfolgsrezept gefragt.

a) Sie stapeln nicht tief und sagen, dass das Referieren eine Ihrer Stärken darstellt, wenn es denn auch so ist.
b) Sie werden sich nicht selbst loben, sondern eher betonen, dass Sie noch sehr viel Luft nach oben haben.
c) Ihre Taten und die Reaktionen haben immer für Sie gesprochen, weshalb Sie offensichtlich ein guter Redner sein müssen. Das bestätigen Sie dann auch so.
d) Sie bedanken sich, betonen, dass es sich hier definitiv um eine Stärke von Ihnen handelt, zumal Sie auch wissen und hervorheben, dass Sie Schwächen besitzen, welche nur gerade nicht zu sehen sind.

Szenario 9/9: Sie sind mit Freunden im Pub verabredet, ehe diese plötzlich anfangen, über ein emotionales Thema zu streiten. Sie als Dritter, der zwischen Ihren Freunden sitzt, verhalten sich wie?

a) Sie konzentrieren sich auf das Schlichten des Disputs, ungeachtet des eigentlichen Themas.
b) Sie gehen auf die inhaltliche Ebene über und suchen nach Gemeinsamkeiten in den Argumentationen beider.
c) Sie antworten in dieser Situation mit Humor und versuchen damit, Ablenkung zu schaffen.
d) Sie sagen beiden, dass sie mit dem Streit aufhören und es einfach akzeptieren sollten, dass die Meinungen unvereinbar sind.

Auflösung:

Sollten Sie überwiegend mit dem Buchstaben D geantwortet haben, dann können Sie sich als realistisch einschätzen. Sie scheinen über einen guten Überblick über Ihre Kompetenzen zu verfügen. Sie wissen aber auch, wo Verbesserungspotenzial besteht.

Sie wissen um die Eigenheiten des Lebens, haben es sich zudem angewöhnt, aus allem das Beste zu machen. Als durchaus pragmatisch können Sie daher auch beschrieben werden.

Sie bemühen sich um einen sachlichen Umgang mit Rückschlägen, denn letztlich werden Sie dadurch nur auf das aufmerksam gemacht, was konkret verbessert werden kann.

Sollten Sie überwiegend auf C getippt haben, dann sind Sie eine durchaus fantasievolle Person. Wenn die Situationen Ihres Lebens nicht das geben, was Sie haben wollen, dann ändern Sie die Situationen dementsprechend. Humor ist dafür ein guter Ratgeber. Von Ihren Freunden und Bekannten würden Sie als chaotisch charakterisiert werden. Sie nutzen Tagträume als Mittel für sich, um daraus Ihre Kreativität ziehen zu können. Sie verfügen insgesamt über ein gutes Verhältnis zu sich selbst.

Sollten Sie überwiegend mit B geantwortet haben, dann sind Sie eher zurückhaltend und Sie versuchen, fremde Situationen bestmöglich zu vermeiden. Sensibel sind Sie auch, wenn es um Rückschläge in Ihrem Leben geht. In Tagträumen versinken Sie häufiger und malen sich aus, was denn wäre, wenn alles ein bisschen anders gelaufen wäre. Bei anderen kommen Sie gut an und werden auch gemocht. Sie sind freundlich, gewissenhaft, zuweilen auch perfektionistisch. Andere schätzen das an Ihnen, Sie selbst stehen sich manchmal damit im Weg.

Sollten Sie hingegen überwiegend mit A geantwortet haben, dann sind Sie ein offener und aktiver Mensch. Dies spiegeln Sie auch nach außen. Sie sind ein dynamischer Mensch mit einem gesunden Selbstbewusstsein, was gerade in Gesellschaft auch zum Vorschein kommt. Tagträume würden Sie für sich eher als Zeitverschwendung bezeichnen. Sie sind gut organisiert und strukturiert. Sie arbeiten gern und effektiv an der Umsetzung Ihrer Ziele und Wünsche.

Kann man seine Persönlichkeit ändern?

Wie verändern Sie Ihre Persönlichkeit? Haben Sie sich diese Frage schon gestellt? Wenn ja, wann haben Sie sich diese Frage gestellt?

War das in einem Moment der Fall, der sehr emotional war?

Dann sollten Sie dies ohnehin überdenken, denn es stellt sich die Frage, ob man in emotionalen Momenten überhaupt in der Lage ist, so etwas gut einschätzen zu können.

Sollten Sie auf Ihr Ich hören, wenn Sie durch emotionale Augenblicke aus dem Konzept gebracht werden? Lassen Sie uns also annehmen, Sie hegen den Wunsch der Persönlichkeitsänderung in einem stillen Moment. Was ist damit anzufangen? Es ist unwahrscheinlich, dass Sie als Narzisst oder Psychopath einzustufen sind. Narzisstische Personen stehen sich meistens selbst im Weg und haben nicht die Einsicht, dass sie anderen Menschen Schaden zufügen. Sie, lieber Leser, werden aber über eine gewisse Sensibilität und auch Reflexion verfügen, wenn Sie den Entschluss gefasst haben, etwas ändern zu wollen.

Für diesen Entschluss gilt es Ihnen bereits zu gratulieren. Menschen realisieren, wenn es ihnen nicht gutgeht. Doch oft versuchen sie nur, dieses Unwohlsein zu kompensieren. Menschen sind aufgrund ihrer Arbeit dauerhaft gestresst. Sie entscheiden sich dafür, zu shoppen, um ihren Kummer so kompensieren zu können.

Sie wissen natürlich, dass es ihnen nicht gut geht, denn sie wissen auch, dass sie „Frustshopping" betreiben. Das sorgt für einen Teufelskreis, denn das Shopping wird zu einem Ventil, das gleichzeitig verboten ist. Was verboten ist, dominiert die Gedanken erst recht und wird umso begehrenswerter.

Wären diese Personen aber dazu in der Lage, sich wahrlich und umfassend zu reflektieren, dann bräuchten sie das Shopping nicht. Sie wüssten, was die Quelle ihres Problems ist und wären dann eventuell dazu in der Lage, an der Quelle direkt zu arbeiten, um das Problem zu lösen. Insofern arbeiten manche Menschen gegen sich selbst, anstatt sich weiterzuhelfen.

Wenn Sie aber für sich entschieden haben, dass Sie etwas verändern wollen, ist dies auf jeden Fall lobenswert und schon respektabel. Ihnen sei dann noch mit auf den Weg gegeben, dass es mit hoher Wahrscheinlichkeit gar nicht notwendig sein wird, Ihre Persönlichkeit grundlegend zu verändern. Sie sind gut, so wie Sie sind. Mit all Ihren Stärken und Schwächen sind Sie ein einzigartiger Mensch. Natürlich sind Veränderungen möglich, auch nötig.

Doch Sie erreichen Veränderungen Ihrer Persönlichkeit eher, wenn Sie sich entwickeln. Richten Sie Ihr Hauptaugenmerk auf die Entwicklung der Persönlichkeit, nicht unbedingt auf eine Veränderung.

Natürlich ist eine Entwicklung dann auch automatisch eine Veränderung, doch der Ansatz ist ein anderer. Oft hilft es, wenn Sie eine andere Perspektive einnehmen, um die Dinge auf eine neue Art sehen zu können. Nehmen Sie eine Kurskorrektur vor, um Ihre Ziele erreichen zu können. Arbeiten Sie an Ihrem Selbstbewusstsein und das wird aller Voraussicht nach für die Veränderung, die Sie anstreben wollen, schon ausreichen.

Um eine Entwicklung erreichen zu können, müssen Sie aller Wahrscheinlichkeit und Voraussicht nach an Gewohnheiten arbeiten. Mit Ihren Gedanken entstehen Handlungen. Mit einer gewissen Zahl an Handlungen entstehen Gewohnheiten. Gewohnheiten formen auf Dauer Ihren Charakter und das wirkt sich auf Ihr Schicksal aus.

Wenn Sie also etwas an der kleinstmöglichen Einheit verändern, wird sich dies auf lange Sicht auf die größtmögliche Einheit, Ihr Schicksal, auswirken. Passen Sie Ihre Gedanken an, um Ihren Charakter nachhaltig prägen zu können. Gewohnheiten sind sehr mächtig, doch nur solange, bis sie gebrochen werden können. Man sagt, es dauert ungefähr drei Wochen, bis sich eine neue Gewohnheit gebildet hat bzw. bis Sie in der Lage sind, etwas Neues ausüben zu können.

In dieser Zeit ist es wichtig, sich durchzubeißen. Wenn sich eine alte Gewohnheit so sehr in das eigene Gehirn gebrannt hat, ist das wie eine Sucht.

Dementsprechend können Sie sich das Verändern von Gewohnheiten wie einen Entzug vorstellen. Anfangs wird es sehr schwer sein, ohne eine Gewohnheit zu leben. Doch wenn Sie daran glauben, dass es mit der Zeit besser werden wird, dann wird es schon allein wegen dieses Glaubens daran so kommen.

Nach den drei Wochen haben Sie schließlich den gewünschten Effekt erreicht. Natürlich muss es sich für Sie auch wirklich um eine Verbesserung handeln. Wenn Sie eine Diät machen wollen und diese drei Wochen durchhalten möchten, kann dies nur funktionieren, wenn Sie realistisch sind. Drei Wochen zu fasten und gar nichts mehr zu essen mag etwas radikal sein.

Insofern empfiehlt es sich, realistisch und fair gegenüber sich selbst zu sein und zu bleiben.

In diesem Zusammenhang möchte ich Ihnen noch mit auf den Weg geben, welche Rolle Ihre Erwartungen für Ihr Leben spielen. Forscher haben herausgefunden, dass die Erwartungen, wie Sie sich in einer Situation verhalten werden, wichtiger sind, als es Ihre Fähigkeiten eigentlich widerspiegeln. Ihre Erwartungen formen Ihr Leben. Wenn Sie etwas verändern wollen, dann erwarten Sie die Veränderung.

Die Veränderung können Sie logischerweise dann erwarten, wenn Sie daran glauben und wenn die Veränderung realistisch genug für Sie erscheint. Wissenschaftlich umgesetzt wurde dies mit einem Konstrukt, das sich Selbstwirksamkeit bzw. Selbstwirksamkeitserwartung nennt. Beide Begriffe gehen auf den kanadischen Psychologen Albert Bandura zurück, der zu den einflussreichsten Psychologen überhaupt zählt.

Er definierte die Selbstwirksamkeit als die Überzeugung, in einer gewissen Situation gewisse Verhaltensresultate erzielen zu können. Es geht letztlich um die Erwartung eines Menschen, eine gewünschte Handlung mithilfe der eigenen Kompetenzen ausführen zu können.

Verfügen Sie über eine hohe Selbstwirksamkeitserwartung, dann werden Sie dazu in der Lage sein, selbst in schwierigen Situationen selbstständig handeln zu können.

Die Fähigkeit, an die Wirksamkeit Ihrer Gedanken und Taten zu glauben, könnte Ihr Leben, das Leben allgemein für immer verändern.

Die Firma Apple hatte es in einem Werbespot einmal relativ treffend ausgedrückt, indem sie sagte, dass diejenigen, die glauben, die Welt verändern zu können, auch diejenigen sind, die es letzten Endes tun. Ein Mensch kann seine eigene Selbstwirksamkeitserwartung auch durch die Beobachtungen von Leistungen anderer Menschen beziehen.

Das würde dann nach dem Motto: „Wenn er das schafft, dann schaffe ich das auch!" funktionieren und ablaufen. Überzeugungen sind ebenso wichtig, wenn es um die Bewertung der Selbstwirksamkeitserwartung geht. Dabei kann man natürlich auch von anderen überzeugt werden.

Besonders wichtig ist aber die Überzeugung, die man sich selbst liefert. Neben den angesprochenen stellvertretenden Erfahrungen und Überzeugungen müssen noch die Emotionen berücksichtigt werden. Die eigenen Emotionen überwachen zu können, ist elementar wichtig. Wenn Sie vor einer Herausforderung stehen und ängstlich sind, werden Sie geringere Aussichten auf Erfolg haben als jemand, der einer Aufgabe mit Freude entgegensieht.

Unser Urteil hinsichtlich der eigenen Selbstwirksamkeitserwartung sagt vorher, wie sehr wir uns im Leben anstrengen, wie schnell wir aufgeben, letzten Endes auch wie erfolgreich wir am Ende sind.

Die Selbstwirksamkeitserwartung wurde auch in einem wissenschaftlichen Kontext untersucht. Dies fand im Jahr 2010 statt. Für die Studie untersuchte man Studenten an fünf Universitäten in Kalifornien. Man bat sie, Fragen zu ihrer Selbstwirksamkeit auszufüllen. Dafür fragte man sie, ob sie ihrer Meinung nach viele Fragen zu den Vorlesungen stellen würden. Auch ging es um ihren Glauben daran, überhaupt an der Universität bleiben zu können.

Um diese Fragen beantworten zu können, orientierten sie sich an einer Skala von 1 bis 10. 1 stand dabei für nicht selbstbewusst, 10 hingegen für extrem selbstbewusst. Man fand heraus, dass die Selbstwirksamkeit der Studenten deren Notendurchschnitt vorhersagen konnte. Auch die Entschlossenheit konnte man durch die vorhandenen Muster vorhersagen, sodass das Sprichwort „believe you can and you're halfway there" damit auch wissenschaftlich bestätigt sein dürfte. Natürlich wird eine solche Selbstwirksamkeit von weiteren Faktoren beeinflusst.

Nämlich von den sogenannten Handlungsergebniserwartungen und auch von soziostrukturellen Faktoren. Die eigene Umwelt kann sich als Hemmnis für ein Unternehmen herausstellen. Es ist aber auch möglich, dass das komplett förderlich wirken kann. Durch ein hohes Selbstbewusstsein sucht man sich diese positive Umgebung auch wieder, sodass ein entsprechender Zyklus zustande kommt.

Dies sollte eindrucksvoll zeigen, wie wichtig Erwartungen im Leben sind und wie solche Erwartungen auch von einem gesunden Selbstbewusstsein abhängen.

Daraus können Sie schon ableiten, dass es oftmals gar nicht darum gehen wird, Ihre Persönlichkeit grundlegend zu verändern, sondern meistens darum, an Ihrem Selbstbewusstsein und Selbstwertgefühl zu arbeiten, denn Veränderungen auf diesem Gebiet führen dann zu weiteren Entwicklungen.

Im folgenden Kapitel erhalten Sie noch einige konkrete Ideen und Überlegungen, die Ihnen dabei helfen könnten, Ihre Persönlichkeit zu verändern, insofern, als dass Sie diese entwickeln können.

Weg 1: Analysieren Sie sich selbst durch einen Persönlichkeitstest

Indem Sie einen Persönlichkeitstest absolvieren, werden Sie definitiv mehr über sich selbst erfahren können. Manchmal sieht man den Wald vor lauter Bäumen nicht. Man würde zwar wissen, wie die eigene Persönlichkeit zu beschreiben ist, doch nicht, was daraus folgt.

Bei einem Test werden Sie etwas über sich erfahren, weil Sie relevante Fragen beantworten werden. Diese werden dann automatisch noch mit größeren Dimensionen verknüpft. Damit Sie wissen, wo Sie hinwollen, müssen Sie im ersten Schritt wissen, wo Sie stehen.

Weg 2: Zeichnen Sie ein Bild von der Person, die Sie sein möchten!

Damit Sie wissen, wer Sie sein wollen, müssen Sie es für sich erst einmal definieren. Die Psychologie deckt unter anderem auch das Thema der Probleme ab. Es geht zum Beispiel darum, wie Menschen Probleme lösen. Ein wohl definiertes Problem zeichnet sich dadurch aus, dass es einen klaren Anfangszustand und einen klaren Endzustand gibt. Sie müssen wissen, wer Sie sein, was Sie erreichen wollen, ansonsten werden Sie sich mit großer Sicherheit verirren. Sie müssen das Ziel vor Ihren Augen konkret greifbar machen.

Weg 3: Nutzen Sie die visionären Fähigkeiten in Ihrem Kopf!

Nutzen Sie Ihre Vorstellungskraft, um sich die beste Version Ihres Selbst vorzustellen. Machen Sie sich bewusst, wer Sie sein möchten und wie Sie in der Zukunft konkret sein werden. Erschaffen Sie realistische Bilder, die Sie motivieren und Ihnen einen Eindruck davon vermitteln, wie das Leben sein könnte.

Weg 4: Lernen Sie, Dinge anzunehmen

Viele Menschen geben sehr gern, doch sie weigern sich regelrecht, Dinge anzunehmen. Das können Geschenke oder Komplimente sein. Dabei ist das Geben und Nehmen nicht nur in einer Beziehung wichtig. Es ist generell wichtig und das in sämtlichen Bereichen des Lebens. Verändern Sie sich in die Richtung, dass Sie ernst Gemeintes annehmen können, ohne sich schuldig zu fühlen!

Weg 5: Entscheiden Sie sich für Menschen, die Ihnen nicht im Weg stehen

Wenn Sie in Ihrem Leben Fortschritte erzielen wollen, dann lässt sich das gar nicht immer an Ihnen festmachen, sondern manchmal auch an den Menschen, die Sie begleiten. Vertrauen Sie sich im Laufe Ihres Lebens den Menschen an, die Ihren Charakter und den Ausdruck Ihres Wandels wiedergeben können.

Wenn Sie ein Leben mit mehr Humor führen wollen, geht das nur, wenn Sie dafür das passende Umfeld parat haben. Setzen Sie die richtigen Schwerpunkte in Ihrem Leben, indem Sie sich für die für Sie richtigen Menschen entscheiden.

Weg 6: Machen Sie sich bewusst, was Sie ändern können und geändert haben

Schaffen Sie sich ein realistisches Bewusstsein dafür, was überhaupt zu ändern ist. Manche Dinge lassen sich nicht ändern. In diesem Fall brauchen Sie dann eher die Gelassenheit, Dinge hinzunehmen, die sich nicht ändern lassen. Viele Menschen schauen nur nach vorn, ohne zurückzuschauen.

Dabei ist das Zurückschauen manchmal ratsam, weil man sehen kann, wie weit man als Mensch gekommen ist. Machen Sie sich bewusst, welcher Fortschritt erzielt wurde! Schnaufen Sie damit auch einmal durch!

Weg 7: Werden Sie Erwartungen los

Wenn Sie sich verändern wollen, dann sollten Sie nach Ihrer intrinsischen Motivation handeln. Diese zeichnet sich dadurch aus, dass Sie etwas tun, ohne dass äußere Reize Sie dazu veranlasst haben bzw. ohne, dass Sie am Ende eine Belohnung bekommen und Sie sich nur deshalb für eine Veränderung entschieden haben.

Lassen Sie externe Erwartungen los. Sie sollten sich niemals für einen Menschen verändern oder sich in eine Richtung entwickeln, die jemand von Ihnen erwartet. Es kann zwar wichtig sein, sich in einer Beziehung anzupassen.

Das bedeutet jedoch nicht, dass Sie sich verbiegen sollten. Sie werden es deutlich leichter haben, wenn Sie die Entwicklung für sich und nicht für jemand anderen wagen.

Weg 8: Beweisen Sie sich es selbst

Setzen Sie sich klare Ziele und schaffen sich Strukturen, die es Ihnen leichter machen, nach vorn zu kommen. Beweisen Sie sich selbst, dass Sie zu einem Wandel fähig sind. Beginnen Sie mit einem kleinen Schritt, denn so beginnt jede Reise.

Wenn Sie sportlicher werden wollen, setzen Sie sich nicht zu hohe Ziele. Wenn Sie es bereits geschafft haben, ein paar Tage draußen gewesen zu sein, können Sie sich selbst schon zeigen, dass Sie für eine Änderung definitiv bereit sind.

Viele Menschen glauben, dass sie zu wenig geben, wenn man jeden Tag nur ein Prozent an sich arbeitet. Wenn Sie das jeden Tag tun, würde dies aber eine Veränderung oder Entwicklung von 365 Prozent nach sich ziehen. Unterschätzen Sie nicht die Wirkung und Macht von vermeintlich kleinen Schritten.

Kapitel 5: Das Unterbewusstsein des Menschen

Die Macht des Unterbewusstseins

Wenn Sie aufmerksam gelesen haben, dann werden Sie erfahren haben, dass das psychodynamische Paradigma unter anderem durch Sigmund Freud bekannt geworden ist. Freud wurde aus wissenschaftlicher Sicht kritisiert, weil die meisten seiner Thesen rückwärtsgewandt und damit kaum zu überprüfen sind.

Doch das hauptsächliche Erbe, das Freud der modernen Psychologie hinterlassen hat, ist (neben der Therapieform der Psychoanalyse) die Gewissheit, dass der Mensch nicht Herr im eigenen Hause ist. Das Unbewusste regiert den Menschen.

Wir denken und handeln oftmals unbewusst. Das kann dazu beitragen, dass wir eine Handlung ausführen, ohne es wirklich zu merken, weil wir sie so gewohnt sind und daher gar nicht mehr aktiv darüber nachdenken müssen.

Das Autofahren wäre ein solches Beispiel. Es bedeutet aber auch, dass in uns unbewusste Prozesse stattfinden, mit denen wir uns teilweise schützen wollen. Wir verdrängen Tatsachen unbewusst, um unser Bewusstsein vor vermeintlich schädlichen Einflüssen zu schützen. Freud stellte sich das Verhältnis zwischen Bewusstsein und Unterbewusstsein mit der Metapher eines Eisbergs vor. Nur die Spitze eines Eisbergs ragt aus dem Wasser heraus. Das wäre dann dementsprechend das Bewusstsein. Doch der Großteil des Eisbergs liegt unter Wasser und ist nicht sichtbar.

Dieser untere Teil bildet die Basis für den sichtbaren Teil und ist damit das Unbewusste im Menschen. Freud ging aber noch weiter, indem er die Psyche des Menschen strukturierte und er sie sich anhand eines weiteren Modells noch anschaulicher vorstellte. Im Rahmen dieses sogenannten Strukturmodells der Psyche definierte Freud ein Es, ein Ich und ein Über-Ich. Das Es ist mit dem verborgenen Teil des Eisberges gleichzusetzen.

Das Es ist der Ort für all unsere verborgenen Wünsche, Triebe, Impulse, Aggressionen etc. Diesen Ort gibt es natürlich nicht in einem physischen Sinn, zumindest wissen wir (noch) nicht, in welchen Hirnarealen sich solche Gefühle befinden sollten. Hier haben die Triebe, Instinkte und Bedürfnisse des Menschen ihr Zuhause. Das Es funktioniert nach dem Lustprinzip und das ist Programm – es möchte die Befriedigung von Bedürfnissen erreichen, ohne Rücksicht auf Verluste. Dem gegenübergestellt ist das Über-Ich als weitere Instanz, die nach dem sogenannten Moralitätsprinzip funktioniert. Als Gegenpol zu den Trieben und Instinkten fungieren im Über-Ich internalisierte Normen und Werte.

Das sind Gesetze und Regeln, die man aus dem Elternhaus mitgenommen und für sich übernommen hat. Doch auch das Ich-Ideal ist hier angesiedelt. Dies ergibt sich ebenfalls aus dem, was durch die Eltern gewonnen wurde, doch auch Medien und Umwelt spielen für die Bildung eines eigenen Ideals eine wichtige Rolle. Vereinfacht könnte man formulieren, das Es verkörpere das Wollen, das Über-Ich hingegen das Sollen. Doch wer vermittelt nun zwischen diesen beiden mächtigen Polen? Das ist das Ich, welches nach dem Realitätsprinzip funktioniert.

Das Ich muss sich vor unangenehmen Inhalten schützen und dies kann durch Abwehrmechanismen gelingen.

Die Verdrängung gilt hier als oberster Abwehrmechanismus, denn im Grunde genommen ist jeder weitere Mechanismus nur eine

Abwandlung dieser Verdrängung. Wenn Sie Fenster putzen müssen, Sie diese Tätigkeit aber so gar nicht mögen, dann könnten Sie sich dabei ertappen, wie Sie diese Aufgabe einfach vergessen haben. Da Ihnen dies aber irgendwann wieder eingefallen ist und bewusst wurde, kann man hier eher von einem „Wegschieben" sprechen. Es gibt noch weitere Abwehrmechanismen, die wir alle regelmäßig anwenden und die ganz unbewusst ablaufen.

Unbewusste Mechanismen sind an sich nicht pathologisch, also krankhaft. Problematisch wird es erst dann, wenn zu viele Mechanismen über eine zu lange Zeit zum Tragen kommen. Zurück aber zu den regulären Mechanismen: bei der Projektion wird an anderen Menschen etwas kritisiert bzw. etwas in ihnen gesehen, das man eigentlich in sich selbst sehen möchte bzw. nicht in sich sehen möchte. Ist eine Person in eine andere Person verliebt, doch diese Liebe ist aus einem bestimmten Grund nicht gestattet oder gewollt, dann könnte es zur sogenannten Reaktionsbildung kommen.

Anstatt dass diese Person zu ihren Gefühlen stehen würde, kehren sich diese ins Extrem um. Die Gefühle und damit auch die geliebte Person werden abgewertet und sogar vermeintlich gehasst.

Bei der Verleugnung werden klare Fakten und Informationen, die als unliebsam empfunden werden, gar nicht erst wahrgenommen. Während Sie bei der Verdrängung eine anstehende Aufgabe nach der Wahrnehmung wegschieben, würden Sie bei der Verleugnung also gar nicht erst daran denken, dass Sie Ihre Fenster putzen müssten. Durch die Sublimierung schafft man es, unliebsame Inhalte in etwas Positives umzuwandeln – Kultur beispielsweise. Sublimierung heißt Umwandlung. Erlebt ein Elternteil auf der Arbeit Stress und wird gegenüber dem eigenen Chef Hass empfunden, so kann dieser Hass aufgrund der bestehenden Normen sehr wahrscheinlich nicht ausgelassen werden.

Das Elternteil richtet die gegen den Chef gefühlte Aggression womöglich gegen das eigene Kind – das wird Verschiebung genannt. Weitere Mechanismen sind die Somatisierung, im Zuge derer psychische Symptome auf das Körperliche abgewälzt werden.

Mit Sicherheit hatten Sie auch schon Bauchschmerzen oder Kopfschmerzen, die sich nach einem bestimmten Ereignis oder Termin plötzlich in Luft aufgelöst haben. Bei der Rationalisierung werden unangenehme Gefühle durch vermeintliche Fakten rationalisiert.

All diese Erkenntnisse könnten Sie die Frage stellen lassen, ob es so etwas wie einen freien Willen überhaupt gibt.

Schließlich hat das Unterbewusstsein doch solch einen hohen Einfluss auf den Menschen. Können wir überhaupt frei oder bewusst entscheiden und leben? Diese Frage wurde ja schon eingangs geklärt – laut Libet werden wir mehr oder weniger vom Unbewussten regiert. Wir haben allerdings die Chance, zu unseren vorprogrammierten Entscheidungen „Nein" zu sagen. Das muss jedoch nicht heißen, dass das Unbewusste unveränderbar ist.

In psychoanalytischen Sitzungen werden ja gerade verschiedene Methoden angewendet, um das Unbewusste allmählich umzuprogrammieren. Dies geschieht, indem das Unbewusste bewusst und zugänglich gemacht wird.

Der Klient wird dabei meistens auf seine Vergangenheit angesprochen und soll verdrängte Inhalte aus der Vergangenheit erwähnen, um sie letztlich besser verarbeiten zu können. Manchmal wird die freie Assoziation genutzt, indem der Klient alles zu einem Thema sagt, was ihm einfällt.

Daraus können manchmal wichtige Erkenntnisse gewonnen werden, da das Bewusstsein auf diese Weise ausgeschaltet werden kann und sich das Unbewusste dann womöglich „verplappert“. Manchmal kommen unbewusste Motive auch durch Träume zum Ausdruck. Diese sind allerdings sehr schwer zu analysieren. Einen wirklichen Wert für eine Therapie haben im Prinzip nur Albträume bzw. wiederkehrende Träume, wenn sie zum Beispiel auf eine unverarbeitete Traumatisierung hindeuten. Aktuell gibt es aber auch andere Techniken, die sich mit dem Unbewussten und dessen „Umkodierung“ beschäftigen.

Beispielhaft ist das „NLP“ als Methode zu nennen, um das Unterbewusstsein, das Unbewusste im Menschen zu verändern. NLP steht für Neuro-Linguistisches Programmieren. Man meint damit, dass man durch vor allem sprachliche Einflüsse auf die Nerven und die Gedankenverarbeitung eines Menschen Einfluss nehmen kann. An wissenschaftlichen Studien diesbezüglich mangelt es nicht. Das NLP beschäftigt sich auch mit dem Setzen von neuen Gewohnheiten und dem Abschaffen alter negativer Gewohnheiten, was ja durchaus positiv zu bewerten ist. Um Ihnen zu veranschaulichen, wie das NLP funktioniert, soll an dieser Stelle die Swish-Technik nähergebracht werden.

Swish ist ein künstliches Wort und bedeutet „Zischen“. Richard Bandler gilt als der wohl berühmteste Name und Pionier im NLP-Bereich. Die Swish-Technik soll das Erleben des Menschen auf eine ganz bestimmte Art und Weise beeinflussen und verändern. Am Anfang der Technik steht eine Situation, die der Klient als problematisch empfindet.

Nehmen wir an, der Klient leidet unter einer Phobie wie Platzangst mit Furcht vor Orten, an denen er Bedrängung und Enge ausgesetzt sein könnte. Ein beklemmendes Gefühl lässt ihn glauben, er könne der Situation nicht entfliehen, zum Beispiel beim Busfahren.

Der Klient wird im Rahmen der Swish-Technik darum gebeten, sich anhand eines imaginierten Bildes die gefürchtete Situation vor Augen zu führen. Er muss sich zunächst die Gefühle vergegenwärtigen, die in diesem Moment ausgelöst werden und diese beschreiben, um die Problematik möglichst bildhaft darzustellen.

Dann kommt es zum Swish. Der Klient soll sich den vollen Bus nochmals vorstellen. Allerdings als wirkliches Bild, das in einem Museum oder in einem Atelier hängt.

In diesem Bild befindet sich nun aber schon ein positiver Aspekt, den sich der Klient auch vorstellen muss. Es kann sich zum Beispiel um einen bestimmten Punkt im Bild handeln, letztlich also um einen positiven Aspekt im Bus. Ein Punkt, der anvisiert werden kann. Der positive Punkt ist eben die Tatsache, zum Beispiel kein unangenehmes Gefühl der Enge im Bus haben zu müssen.

Der nächste Schritt im Prozess sieht es vor, dass dieser anfangs kleine Punkt in den Gedanken des Klienten immer weiter wachsen muss. Der explosiv ansteigende Punkt wächst immer weiter und überdeckt das Bild letztlich vollständig.

Der Klient muss diese Szene nun immer und immer wieder visualisieren. Gleichzeitig beschreibt er, wie sich seine Gefühle hinsichtlich der Busfahrt verändern. Optimalerweise haben sich die Gefühle natürlich zum Positiven verändert.

Der Erfolg dieser Technik basiert auf dem Submodalitäten-Ansatz des NLP. Der Ansatz besagt, dass innere Bilder mit Affekten verknüpft werden können. Das bedeutet auch, dass Affekte dann verändert werden können, wenn sich die Bilder verändern.

Die imaginierten Bilder sind also nicht festgelegt, sondern veränderbar und dynamisch. Durch eine stetige Wiederholung der

Gedanken an eine Überlagerung des ursprünglichen Bildes, ohne dass man sich letztlich an das ursprüngliche Bild erinnert, erreicht man einen neuen Zustand und ein neues Einspeichern eines veränderten und zum Positiven verbesserten Bildes.

Dadurch werden die Gedanken des Klienten genutzt. Auch das Gedächtnis spielt logischerweise eine wichtige Rolle. Hier sehen Sie wieder, welche Rolle Lernmechanismen spielen können, wie Sie es im Hinblick auf das kognitivistische Paradigma schon gelernt haben. Sie werden konditioniert und speichern sich neue Gewohnheiten immer und immer wieder ab. Hierdurch wird Psychodynamik mit Kognitivismus verbunden, denn im ersten Schritt wurde der Klient ja darum gebeten, sich eine unliebsame Situation bewusst zu machen.

Das Unbewusste gelangt also ins Bewusste und wird dann kognitiv bearbeitet und verändert. Ähnlich geht man auch in einer kognitiven Verhaltenstherapie vor. Phobien werden hierbei nicht selten mittels einer systematischen Desensibilisierung behandelt. Ein Klient hat Prüfungsangst und soll sich genau und detailliert vorstellen, wie er sich 30, 29, 28 usw. Tage vor der Prüfung fühlt.

Durch die Intervention des Therapeuten kann erreicht werden, dass die Gedanken an die Angst realistischer werden. Der Klient wird schon vorab mit seinen unangenehmen Gedanken konfrontiert, was dem Ganzen den Schrecken nimmt und ihn gleichzeitig darauf konditioniert. Was zur Gewohnheit wird, hat schließlich keinen Reiz mehr. Meistens haben die Betroffenen im Übrigen keine Angst bei der eigentlichen Prüfung.

Die Angst konzentriert sich vielmehr in den Gedanken an die Prüfung und um alles, was mit ihr zu tun hat. Letzten Endes haben Sie durch das NLP-Beispiel sehen und lesen können, dass das Unbewusste dynamisch ist und nicht starr bleiben muss.

Sie sehen das unter anderem auch dann, wenn Sie sich fest vornehmen, sich Träume zu merken oder etwas Bestimmtes im Traum zu tun, auf die Uhr zu schauen. Ihre bewusste Eingebung wird bei häufiger Wiederholung tatsächlich Auswirkungen auf das Unbewusste haben. So schaffen es

luzide Träumer, ihre Träume zu kontrollieren und zu steuern.

Nach diesen ersten Einschüben zum Unterbewusstsein könnten Sie sich nun auch fragen, welchen Einfluss das Unbewusste auf Beziehungen hat. Einen beachtlichen Einfluss, wie der Entwicklungspsychologe John Bowlby einst herausfand. Er stellte die Bindungstheorie auf. Kinder entwickeln auf Basis ihrer ersten Beziehungserfahrungen ein Arbeitsmodell über sich selbst und über die Art und Weise, wie es mit Beziehungen umgehen wird. Wird ein Kind von den Eltern liebevoll behandelt, sind diese präsent und schenken dem Kind Aufmerksamkeit, dann fühlt sich das Kind geliebt und geschätzt. Bei weiteren positiven Einflüssen trägt das Kind, das dann zum Erwachsenen heranreift, diese Erfahrungen mit in die eigenen Beziehungen und dann auch in die Erziehung der eigenen Kinder.

Anders sieht es natürlich aus, wenn Eltern ihre Kinder missbrauchen, zu streng sind, nicht präsent sind, Kinder emotional missbrauchen, erpressen oder womöglich so verantwortungslos sind, dass die Kinder Verantwortung für die Eltern übernehmen müssen. Auch diese Bindungserfahrungen wirken sich auf das weitere Leben aus. Bindungsstile werden mit dem Fremde-Situation-Test nach Mary Ainsworth gemessen. Dabei spielen Kinder mit ihrer Mutter in einem Raum. Die Mutter verlässt dann den Raum und die Kinder werden mit einem Fremden im Raum allein gelassen.

Nach einer Weile kehrt die Mutter zurück. Man beobachtet nun die Reaktion des Kindes bei der Rückkehr.

Sicher gebundene Kinder weinen kurz, sind dann aber schnell wieder beruhigt und zufrieden, da die Mutter ja zurückgekehrt ist. Ambivalente Kinder scheinen sich zu freuen und doch gleichzeitig aufgelöst und traurig zu sein, ohne dass sich eine wirklich klare Tendenz ablesen lässt. Unsicher gebundene Kinder sind derart aufgelöst, dass sie sich kaum beruhigen lassen.

Unsicher-vermeidende Kinder reagieren scheinbar ignorant auf die Rückkehr der Mutter, während desorganisiert eingestufte Kinder irrational reagieren, beispielsweise paralysiert sind. Diese Bindungsqualität sagt das Bindungsverhalten der Kinder als Erwachsene vorher.

Es handelt sich um einen weiteren eindrucksvollen Beweis für die Macht des Unbewussten durch die Bindungstheorie hinsichtlich Beziehungen. Letztlich bleibt hier aber noch anzumerken, dass auch diese Bindungsstile nicht starr sind. Mit entsprechender Reflexion, mit einer Therapie, mit entsprechenden Erfahrungen lässt sich an unpassenden und problematischen Bindungsstilen natürlich arbeiten.

Kapitel 6: Entwicklungspsychologie für ein erfolgreicheres & glücklicheres Leben

Was stellen Sie sich unter dem Begriff Entwicklungspsychologie vor?

Es handelt sich hierbei um eine sehr ganzheitliche und allumfassende Disziplin der Psychologie, innerhalb derer der Mensch über die gesamte Lebensspanne hinweg untersucht wird.

Oftmals wurde kritisiert, dass sich viele Theorien nur auf die Entwicklung von Kleinkindern bzw. Kindern konzentriert hat, was daran liegt, dass die Entwicklung von Kindern natürlich besonders beachtenswert ist.

Hier ist das Ausmaß der Entwicklung zu bedenken und auch der geringe Zeitraum, in dem Entwicklungssprünge zu beobachten sind. Allerdings ist Entwicklung keine Frage des Alters, und so gibt es auch Theorien und Psychologen, welche vollständige Ansätze geliefert haben.

Generell geht es um die Entwicklungen von Menschen, welche klassischerweise mit Längsschnittstudien untersucht werden. Dabei untersucht man eine bestimmte Gruppe über einen gewissen Zeitraum hinweg.

Nur so kann schließlich festgestellt werden, welche Änderungen über die Zeit hinweg stattgefunden haben. Wenn eine bestimmte Menge an Personen zum Zeitpunkt X getestet oder untersucht wird, liefert das ja noch keine Indizien oder Hinweise auf eine langfristige Entwicklung.

Zahlreiche Pioniere der Psychologie haben Erkenntnisse zu dieser Disziplin beigetragen. Neben Jean Piaget ist hier auch Lew Wygotski zu nennen.

Beide haben sich mit der Entwicklung von Kindern auseinandergesetzt. Jean Piaget hat dabei ein Stufenmodell entwickelt und formuliert, in welchem Ausmaß und mit welcher Qualität sich Kinder im Alter entwickeln. Das umfasst vor allem das Denken der Kinder und ist teilweise auf bestimmte Aufgaben bezogen. So spricht er von Begriffen wie der Zentrierung, des Egozentrismus oder der Volumen- bzw. Mengenkonstanz.

Kinder sind bedingt in der Lage, sich in die Situation oder die Sicht eines anderen hineinzuversetzen. Sie müssen die Fähigkeit zur Perspektivenübernahme erst noch erlernen. Genauso verstehen sie zunächst nicht, dass der Inhalt von Dingen gleichbleiben kann, obwohl sich die Form verändert. Man zeigt den Kindern in einer Umschüttaufgabe zwei Gefäße mit unterschiedlicher Gestalt.

Dann gießt man Flüssigkeit von einem Gefäß ins andere. Die Menge an Wasser bleibt dieselbe, doch die Form der Gefäße unterscheidet sich. Mit fortschreitendem Alter entwickelt sich das abstrakte Denken der Kinder und sie verstehen langsam die entsprechenden Hintergründe. Bekannt ist ja das Experiment, die eigenen Augen zuzuhalten, was bei Kindern zu der Annahme führt, sie seien tatsächlich verschwunden.

Zudem haben Piaget, aber auch Lawrence Kohlberg Erkenntnisse zum Thema Moral beigetragen. Interessant ist zum Beispiel Piagets Entdeckung, dass Kinder die Moral zunächst nach der Konsequenz und später erst nach der Absicht beurteilen. Heißt: beobachtet ein Kind eine Person, die unabsichtlich eine Vase hinunterwirft, dann wird dies als moralisch verwerflicher eingeschätzt als eine andere Person, welche absichtlich ein Glas hinunterwirft.

Der Grund: die Vase sorgt für ein höheres Ausmaß an Lärm, die Konsequenz des Ganzen wird als größer eingeschätzt. Mit der Zeit ändert sich diese Einschätzung dann und die Kinder interessieren sich zunehmend für die Absichten hinter den Taten der Menschen.

Erik Erikson entwarf ein psychosoziales Modell der Entwicklung. In diesem beschrieb er Entwicklungsschritte, die jeder Mensch im Laufe seines Lebens geht bzw. zu gehen hat.

In jeder dieser Phasen gebe es demnach verschiedene Entwicklungsaufgaben. Man müsse verschiedene Herausforderungen meistern, positive, aber auch negative Erfahrungen sammeln, wobei das Positive letzten Endes überwiegen solle. Erikson war Psychoanalytiker und orientierte sich an der Theorie Freuds. Dieser hatte zuvor ein psychosexuelles Modell der Entwicklung postuliert. Laut Freud durchlaufen Kinder auch hier verschiedene Phasen und können auf diesem Weg „stecken bleiben“, was er Fixierung nannte.

Demnach würden sich Kinder zunächst in eine orale, dann in eine anale, phallische, latente und schließlich in eine genitale Phase begeben. Auch hier sind Freuds Thesen wiederum umstritten und vor allem schwer zu überprüfen. Erikson entschied sich für eine weniger sexuell orientierte Theorie und bezog die sozialen Faktoren der Umgebung mehr in seine Überlegungen ein.

Die erste Phase nach Eriksons Modell wird vom Duell zwischen dem Urvertrauen und dem Misstrauen dominiert. Je nach Behandlung der Eltern erhält das Kind ein erstes Gefühl dafür, ob es vertrauen kann oder nicht. Das kann vom Kontakt, von Berührungen und Emotionen abhängen, auf welche das Kind in der ersten kritischen Zeit natürlich angewiesen ist.

Erikson setzte diese erste Phase auf das erste Lebensjahr des Kindes an. Sollte das Kind in dieser Phase nicht das nötige Vertrauen erhalten, so könne sich dies auf das weitere Leben auswirken. Die nächste Phase wird von der Frage Autonomie oder Scham und Selbstzweifel bestimmt.

Das Kind erhält demnach entweder die Chance, die Umgebung zu erkunden und eine erste Autonomie zu erlangen, oder aber das Kind schämt sich und zweifelt, wenn diese Option zur Autonomie nicht gegeben wird. Im vierten und fünften Lebensjahr geht es laut Erikson um Initiative oder um Schuldgefühl. Auch hier kommt es darauf an, ob das Kind sich frei ausleben darf oder an Schuldgefühlen in der Entwicklung hängen bleibt.

Zwischen dem sechsten und elften Lebensjahr entscheidet es sich, ob das Kind mit einem Werksinn ausgestattet wird, oder ob ein Minderwertigkeitskomplex entsteht. Der Begriff des Minderwertigkeitskomplexes wurde unter anderem von Alfred Adler geprägt, der ein bekannter Psychoanalytiker war und Freuds Theorien weiterführte.

Nach Adler strebe der Mensch im Laufe seines Lebens nach Anerkennung. Durch die Schwäche und Verwundbarkeit, die der Mensch gerade zu Beginn des Lebens besitzt, müsse der Mensch mit seiner gefühlten Minderwertigkeit klarkommen.

Bei manchen Menschen sei dieser Komplex so ausgeprägt, dass sie überkompensieren würden. So können Menschen mit einem ausgesprochen niedrigen Selbstwertgefühl ausgestattet sein, was die Wahrscheinlichkeit für psychische Erkrankungen erhöhen kann.

Andererseits ist es aber auch möglich, dass sich diese Menschen in vermeintlichen Größenwahn stürzen, eventuell narzisstisch etc. werden. Das Gemüt des Kindes ist in der besagten Phase natürlich noch sehr anfällig und sensibel. Außerdem erhält es durch verschiedenste Einflüsse im Elternhaus, in der Schule usw. einen Eindruck davon, ob es entsprechend geschätzt wird oder nicht.

Vom 12. Bis zum 18. Lebensjahr ereignet sich die nächste Phase des Modells. Dann geht es um die Frage:

Ich-Identität oder Ich-Identitätsdiffusion?

Wer bin ich?

Wer will ich sein?

Wer soll ich sein?

Wer muss ich sein?

Solche Fragen werden in dieser Phase nicht selten gestellt. Die Jugendlichen legen sich darauf fest, wer sie sind, verwerfen diese Thesen aber nicht selten, um sich immer wieder neu zu finden und vielleicht auch neu zu verlieren. Werden die Kinder schließlich zu jungen Erwachsenen, werden sie intim mit anderen Menschen und zeigen sich solidarisch. Der andere Pol sähe so aus, dass diese Menschen vermehrt isoliert leben. In dieser Phase sind Fragen der Partnerschaft, Familie etc. vorherrschend.

Im Erwachsenenalter steigert sich dann die Generativität der Menschen, oder aber Stagnation und Selbstabsorption stehen im Vordergrund. Im letzten Fall käme es eher zu keiner Entwicklung, sondern zum Stillstand. Das Modell endet mit der letzten Phase, der Phase, die vom Verhältnis zwischen der Ich-Integrität bzw. Verzweiflung geprägt ist. Hat das Leben dazu geführt, dass ein Mensch Einflüsse, Eindrücke, Erfahrungen zu einer integrativen Persönlichkeit verarbeiten konnte? Oder haben unbearbeitete Konflikte, Komplexe, Erfahrungen eher zu einem verzweifelten Zustand der Auflösung geführt? Natürlich gab es auch einige kritische Stimmen an Eriksons Modell.

Hier gilt es, den Zeitpunkt der Theorie zu bedenken. Man könnte meinen, es sei ratsam, sich zu einem gewissen Zielzustand hin zu entwickeln. Gerade in unserer heutigen schnelllebigen Zeit ist es aber fraglich, ob dies noch realistisch ist, oder ob wir nicht in einer Zeit leben, die derart anspruchsvoll ist, dass man als Person für alle möglichen Einflüsse flexibel und offen bleiben sollte, sodass man sich sozusagen nicht zu einer festen Identität entwickelt, sondern gewissermaßen variabel bleibt. Auch lassen sich die verschiedenen Phasen nicht sehr klar voneinander abtrennen.

Die Frage der Ich-Findung bzw. Diffusion ist keine Frage, die man sich in einem gewissen Alter stellt. Sie kommt und geht immer wieder. Auch kann man sich fragen, ob das beschriebene Modell nicht für bestimmte Lebensbereiche getrennt betrachtet werden sollte. Ein Mensch kann sich im Bereich Partnerschaft womöglich so entwickelt haben, doch im Bereich Beruf und Berufung vielleicht ganz anders. Der Psychologe Marcia griff dies auf, indem er sich mit dem Identitätsstatus des Menschen beschäftigte.

Insofern gibt es verschiedene Arten der Festlegung einer Identität in verschiedensten Lebensbereichen. Er definierte die Dimensionen Exploration und Commitment.

Mit Exploration meinte Marcia die Frage nach der Erkundung in einem bestimmten Lebensbereich. Wie sehr hat sich ein Kind selbst mit der eigenen Identität beschäftigt? Wenn es um die Frage nach einem Werksinn geht, müsste ein Kind die eigenen Fähigkeiten ausgetestet haben, um etwas mehr über sich erfahren zu können. Vielleicht war ein Kind aber auch so schüchtern, dass es in manchen Phasen von Eriksons Modell gar nichts über sich herausfinden konnte. In diesem Fall wäre die Exploration sehr niedrig. Die Dimension Commitment gibt indes das Ausmaß der Festlegung an. Angenommen, die Identitätsfindung hat bei einem Pubertierenden stattgefunden – wie sehr hat er oder sie sich auf eine bestimmte Identität festgelegt?

Daraus können verschiedene Identitätsstatus entstehen: eine Identitätsdiffusion im „schlimmsten" Fall, eine erarbeitete, eine übernommene Identität und ein Zustand des Moratoriums. Eine erarbeitete Identität entwickelt sich, indem eine hohe Exploration und ein hohes Commitment stattgefunden haben. Eine Person hat sich also in einem bestimmten Bereich ausführlich umgeschaut, entwickelt, exploriert und sich klar auf einen Pol festgelegt. Eine übernommene Identität setzt ein hohes Commitment, aber eine niedrige Exploration voraus.

Dies wäre der Fall, wenn sich Kinder von Eltern für das Fortführen des Familienunternehmens entscheiden, ohne überhaupt andere Karrierewege in Betracht zu ziehen. Sie legen ein hohes Commitment an den Tag, weil sie sich klar für diesen Weg entschieden haben und vielleicht auch dabei bleiben. Die Exploration ist allerdings bescheiden, da sie sich in anderen Bereichen ja nicht einmal umgeschaut haben. Bei einer Diffusion haben weder Exploration noch Commitment stattgefunden, sodass die Menschen in diesem Fall planlos im Leben umherirren.

Bei einem Moratorium ist die Exploration hoch, aber das Commitment niedrig. Es wird vieles ausprobiert, leidenschaftlich verfolgt, doch genauso schnell wieder verworfen. Die entsprechenden Personen sind im Prinzip ständig Wandelnde und Suchende.

Sie merken schon, dass es sich durchaus lohnen kann, in verschiedensten Bereichen exploriert zu haben. Bevor Sie z.B. eine Entscheidung darüber treffen, welche Religion Sie wählen, sollten Sie sich vielleicht mit diversen Religionen beschäftigt haben. Bevor Sie sich für das Heiraten entscheiden, kann es von Vorteil sein, etwas Erfahrung in Ihrer Partnerschaft oder mit Beziehungen generell gesammelt zu haben. Ehe Sie sich für einen Beruf in Ihrem Leben entschieden haben, kann es Sinn ergeben, andere Berufe ausprobiert zu haben.

Doch sollte man etwas gefunden haben, dass einem wirklich gefällt, dann ist es wiederum lohnenswert, sich auch fest dafür zu entscheiden (Commitment) bzw. entsprechende Sicherheiten im Leben zu haben. Hinter einer erarbeiteten Identität wird immer mehr Tiefgründigkeit stecken als hinter einer übernommenen Identität.

Hier könnte das Zitat „Man kann nie jemanden überholen, wenn man in dessen Fußstapfen tritt“ greifen. Sie werden nie eigene Spuren im Sand hinterlassen können, wenn Sie immer nur das machen, was andere gemacht haben. Auch an Marcias Theorie gibt es einige Kritik. Das vorhin beschriebene Beispiel der Richtung einer Entwicklung wird hier ebenfalls angeführt. Eine bewahrte Flexibilität kann in der heutigen Zeit sehr wertvoll sein. Natürlich sind hier auch wieder westliche Realitäten dargestellt.

Die vorgeschlagenen Theorien sind sicher nicht in allen Teilen der Welt anwendbar.

Und dennoch können Sie sich diese Ideen und Überlegungen vielleicht merken und diese als Anlass nehmen, um sich inspirieren zu lassen, indem Sie Ihr Leben auf verschiedensten Ebenen noch mehr entdecken und auskosten, als Sie es idealerweise ohnehin schon tun.

Welche Voraussetzungen müssen noch vorhanden sein, damit sich ein Mensch entwickeln kann? Da Menschen von sich aus schon ganz verschiedene Voraussetzungen haben, ist es schwierig, allgemeine Punkte zu formulieren, die die menschliche Entwicklung für alle gleichermaßen ermöglichen können.

Wichtig zu erwähnen ist die Tatsache, dass auch vermeintliche Rückschritte in der Entwicklung bei genauer Betrachtung Fortschritte sein können. Wenn Sie in einer der Phasen Eriksons „steckenbleiben", muss Sie dies nichts kosten. Wer einen Schritt zurück geht, geht manchmal zugleich zwei Schritte nach vorn. Im Folgenden werden trotz der Probleme der Generalisierbarkeit einige Schritte zusammengetragen, welche als Voraussetzungen für menschliche Entwicklung angesehen werden können.

Voraussetzung 1/5 für Entwicklung: Feedback statt Fehler

Viele Menschen lassen sich von vermeintlichen Fehlern zurückwerfen. Dabei sind Fehler im Prinzip der Nährboden für jegliche Entwicklung. Nun ist es aber ein schlechter Ratschlag für Sie, wenn man Ihnen sagt, dass Sie möglichst viele Fehler machen sollen. Das werden Sie vermutlich ohnehin. Wichtiger ist es hingegen, aus ihnen zu lernen. Doch sollten Sie Fehler nicht als Elemente des Lebens sehen, die Sie zurückwerfen.

Menschen verbinden mit Fehlern Versagen, Unzulänglichkeiten, einen Mangel an Leistung, Charakter, Fähigkeit usw. Dabei bieten Fehler Möglichkeiten für Erfahrung, Tiefgründigkeit, Entwicklung, Wachstum.

Sehen Sie Fehler als Feedback an! Erst durch entsprechendes Feedback können Sie reifen, sich verändern, sich entwickeln und zu der

Person werden, die Sie eines Tages sein wollen. Jede berühmte Persönlichkeit, jede erfolgreiche Person musste zahlreiche Fehler begehen, um den Status zu erreichen, den er oder sie heutzutage hat. Die erfolgreichsten Menschen haben manchmal sogar die meisten Fehler gemacht. Das hat ihnen die meisten Einsichten, das größte Potenzial an Feedback und Wachstum beschert.

Fehler bescheren Menschen ein Level an Emotionalität, einen Tiefgang, der durch nichts zu ersetzen ist. Fehler als Feedback anzuerkennen und wahrzunehmen, das einen dazu verleitet, eine bessere Version des Selbst werden zu können, ist ein unfassbarer Schatz im Leben eines jeden Menschen. Jeder schlimmste, untragbarste Fehler liefert immer noch tausend Mal mehr Potenzial als die bloße Gewissheit, etwas nie ansatzweise probiert zu haben. Fehler als Feedback umzukodieren und umzuwerten wird Ihrem Leben einen Mehrwert verleihen.

Voraussetzung 2/5 für Entwicklung: Eigenverantwortung

Viele Menschen halten sich von ihrer eigenen Entwicklung ab, weil sie diese bewusst oder unbewusst in die Hände anderer legen. Sie überlassen es mehr oder weniger ihrem Partner, ihrem Chef, ihrer Familie, ihren Freunden, wie und ob sie sich entwickeln. Was machen wir dieses Jahr zu Weihnachten? Das sollen die entscheiden. Was kaufen wir? Das soll sie entscheiden.

Für welchen Arbeitsbereich werde ich eingesetzt? Ich werde sehen, was für mich entschieden wird. Es finden politische Wahlen statt? Meine Stimme zählt doch ohnehin nichts. Meine Kinder haben Probleme? Darum soll sich die Mutter kümmern. Ich ernähre mich ungesund? Das ist doch egal, das machen andere auch.

Ich rauche zu viel? Es gibt manche, die rauchen noch viel mehr. Es entspannt mich außerdem. Mein Beruf macht mir keinen Spaß mehr?

Ist doch egal, ich finde ohnehin nichts anderes. Was haben all diese Aussagen gemeinsam? Sie enthalten alle ein Stück Resignation und zeichnen sich dadurch aus, dass Verantwortung abgegeben wird, die genauso gut selbst übernommen werden könnte. Wer sich selbst nicht um die Angelegenheiten seines Lebens kümmert, darf sich nicht wundern, wenn das Leben aus den Fugen gerät.

Wer das Leben nicht einigermaßen kontrollieren möchte, den kontrolliert das Leben. Nehmen Sie Ihre Verantwortung wahr, sehen Sie sich als Kapitän des Schiffs und steuern Sie Ihr Schiff auf die beste und eine möglichst authentische Art und Weise! Gewiss lässt sich im Leben nicht alles kontrollieren, doch das für Sie Kontrollierbare sollten Sie auch in die Hand nehmen!

Übernehmen Sie Verantwortung für Ihr Leben, Ihre Kinder, Ihre Eltern, Ihre Entscheidungen, Ihren Beruf, Ihre Finanzen, Ihre Altersvorsorge, Ihre Gesundheit, Ihren Erfolg, Ihre Freundschaften, Ihre Partnerschaft usw.! Nur so können Sie letztlich selbstbestimmt und erfüllt leben.

Voraussetzung 3/5 für Entwicklung: Durchhaltevermögen

Es kommt nicht nur darauf an, wie sehr Sie zuschlagen können, sondern auch und vor allem geht es darum, wie viel Sie einstecken können. Es mag eine etwas brutale Metapher sein, und doch zahlt sie sich für ein Leben mit positiver Entwicklung aus. Einstecken zu können, durchzuhalten, geduldig zu bleiben und die Momente auszusitzen, in denen es aus unterschiedlichsten Gründen vielleicht nicht so gut laufen mag – das stellt einen entscheidenden Bestandteil des Lebens dar und lässt einen Menschen auch erfolgreich werden.

Sie müssen Ihrer Entwicklung die nötige Zeit geben. Reife wird in unserer Sprache vor allem mit einem Reifeprozess verbunden und das hat einen Grund. Reife würde nicht als Reife bezeichnet werden, wenn sie über Nacht stattfinden könnte. Halten Sie durch, haben Sie Geduld und sehen Sie das Gesamtbild, indem Sie die kleinen Puzzleteile beachten. Wenn Sie an jedem Tag Ihres Lebens nur ein Prozent an Ihrer Persönlichkeit, an Ihrer Entwicklung arbeiten, dann werden Sie am Ende des Jahres einiges geschafft haben.

Bleiben Sie am Ball, verlieren Sie Ihre Ziele nicht aus den Augen und lassen Sie sich von vermeintlich großen Distanzen bis dorthin nicht davon abbringen. Nach einem Perspektivwechsel ist das Ziel meist gar nicht mehr allzu weit entfernt.

Voraussetzung 4/5 für Entwicklung: Die Bereitschaft zum lebenslangen Lernen

Sehen Sie Lernen nicht als einen Begriff, sondern auch hier als einen Prozess an. Manche verbinden Lernen mit dem, was man in der Schule macht. Ich lerne für einen Test. Ich lerne Spanisch. Ich lerne, Einrad zu fahren. Dabei heißt Lernen auch Offenheit für Neues. Es heißt auch, sich Fehler eingestehen zu können.

Vertretbare Risiken einzugehen, zu diesen zu stehen, hinzufallen, wieder aufzustehen. Lernen heißt auch Verwundbarkeit, beispielsweise in Beziehungen. Mit dem Lernen ist das Sammeln von neuen Erfahrungen verknüpft. Finden Sie Ziele, Inspiration, Motivation, wachsen Sie über sich hinaus und bewegen Sie sich vor allem aus Ihrer Komfortzone heraus. Innerhalb Ihrer Komfortzone werden Sie voraussichtlich nicht viel Neues lernen können.

Doch außerhalb dieser Zone, wo Sie sich vermeintlich nicht auskennen mögen, können Sie hinfallen, aufstehen, reifen, wachsen, entwickeln, sich reiben und zu einer kompletteren Version Ihres Selbst werden. Seien Sie für Lernprozesse immer offen und lassen Sie sich von niemandem, Familie, Freunden, Medien einreden, Lernprozesse würden ab einem gewissen Alter enden oder nicht mehr möglich sein.

Voraussetzung 5/5 für Entwicklung: Offenheit für Neues

Es wurde eben schon im Kontext mit dem Lernen erwähnt, soll hier aber nochmals aufgegriffen werden. Sie werden sich nicht entwickeln können, wenn Sie selbst verschlossen sind. Sind Sie für Eindrücke und Einflüsse von außen verschlossen, so verschließen Sie sich vor sich selbst. Ihr Verstand, Ihre Entwicklung kann wie ein Fallschirm angesehen werden. Ein Sprung kann nur gelingen und funktionieren, wenn der Fallschirm geöffnet wird.

Öffnen Sie Ihren Verstand, Ihren Erwartungshorizont, um Entwicklung überhaupt zu erlauben. Das Alte, Gewohnte, Bekannte bringt Ihnen Sicherheit. Das ist im Leben wichtig, doch es spiegelt ein unproduktives Lebensgefühl wider.

Es eignet sich gut dafür, Ihnen Kraft zu geben, doch um sich zu entwickeln, um inspiriert zu werden, braucht es das Unbekannte, Neue, Offene. Seien Sie bereit, neue Erfahrungen zu sammeln und wagen Sie den Sprung in das kalte Wasser. Es sind diese vermeintlich verrückten Abenteuer, die undenkbaren Erfahrungen und neuen Eindrücke, welche die besten Entwicklungen für Sie bereithalten.

Voreingenommenheit bremst Sie in sämtlichen Bereichen des Lebens aus, vor allem, wenn es um das Kennenlernen von neuen Menschen geht.

Kapitel 7: Die Einflüsse der Motivationspsychologie

Was bewegt eine Persönlichkeit?

Was verursacht beim Menschen die Veränderung? Dafür müssen wir ein weiteres Konstrukt der Psychologie betrachten, das sehr gern untersucht wird.

Die Motivation nämlich – welche schon durch den Begriff impliziert, dass der Mensch durch sie bewegt wird. Dabei ist es oft genug der Mensch selbst, der sich bewegt, indem er an etwas glaubt oder an etwas glauben möchte. Ein eigener Forschungszweig, die Motivationspsychologie, beschäftigt sich mit den Einflüssen auf den Menschen, die ihn letzten Endes zu einer Entwicklung drängen. Um aufzuzeigen, welche Effekte die Motivation auf Menschen haben kann, werden zwei Teilbereiche näher beleuchtet. Einerseits die Affekt-Vorhersage, andererseits der Korrumpierungseffekt.

Die Affekt-Vorhersage wird Ihnen aufzeigen, dass Ihre Gefühle und Emotionen Sie stets zu täuschen wissen. Das ist insofern ernüchternd, als dass wir unseren Sinnen und Emotionen nur allzu gern glauben möchten. Und doch werden wir am Ende des Tages oft genug getäuscht, ohne dass wir es bewusst merken würden.

Das Wissen darüber, inwiefern uns zum Beispiel Sinne und Emotionen täuschen, kann aber sehr wichtig sein, wenn wir wichtige Entscheidungen zu treffen haben, wir uns motivieren wollen, wir uns allgemein besser kennenlernen möchten.

Sie werden als Mensch leichter motiviert werden, schneller über Negatives in Ihrem Leben hinwegkommen und positivere Einsichten erhalten, als Sie es jetzt gerade denken.

Das ist insofern ein positiver Gedanke, als dass viele Menschen ihr Leben aufgeben, für zwecklos erklären oder nach einem schrecklichen Ereignis glauben, sie könnten nie wieder positiv in die Zukunft sehen etc. Timothy und Daniel Wilson fanden heraus, dass Menschen sehr schlecht dazu in der Lage sind, vorherzusagen, wie lang sie glücklich, aber auch unglücklich sein werden.

In den USA fragten beide Forscher im Jahr 2005 zum Beispiel Studierende, wie unglücklich oder glücklich sie mit ihren attraktiven oder unattraktiven Wohnheim-Zimmern sein werden. Das Ergebnis war verblüffend, denn trotz einer langweiligen und öden Steinwand vor dem Zimmer arrangierten sich die Bewohner schneller mit ihrer Umgebung, als sie es vorhersagten. Auch in zahlreichen anderen Bereichen konnte die besagte These gestützt werden. Vielleicht befinden Sie sich in einer Phase Ihres Lebens, in der Sie unglücklich sind, was sich vor allem auf die Partnerschaft bezieht.

Viele Menschen wollen den Schlussstrich in ihrer Beziehung nicht ziehen, weil sie sich vor den negativen Konsequenzen fürchten. Sie werden ewig unglücklich sein und so werde es auch dem Partner ergehen – so jedenfalls die natürlich nachvollziehbaren Sorgen und Bedenken.

Auch hier hat sich allerdings ergeben, dass die Länge des gefühlten negativen Affekts überschätzt wird. Sie erholen sich schneller von Ihren gefühlten Rückschlägen als Sie es vermuten! Sie könnten sich nun fragen: Warum ist das so?

Einerseits kann dies am Prozess des „Sensemaking“ festgemacht werden. Menschen sind Meister darin, einen Sinn zu suchen und zu finden. Menschen fragen sich seit jeher, was der Sinn des Lebens ist. Sie fragen sich nur selten, warum diese Suche von Bedeutung ist. Vor allem deshalb, weil es für sie wichtig ist, einen Sinn zu finden. Das könnte die Frage nach dem Sinn des Lebens schon beantworten: der Sinn des Lebens ist es, einen zu finden. Und so sind Menschen sehr talentiert darin, eine kohärente Lebensgeschichte zu erschaffen, manchmal fast schon zu erfinden.

Unsere Affekte schwächen sich ab, indem wir rationalisieren. Das gilt aber leider nicht nur für positive, sondern auch für negative Ereignisse. Stellen Sie sich vor, ein Schüler denkt an das Erhalten seiner bewerteten Mathearbeit. Er malt sich diesen Moment in allen Farben des Regenbogens aus. Er erhält das Heft zurück, bekommt die Note 1, ist stolz auf sich, sagt es schließlich Mitschülern und Eltern.

Er liebt diese Vorstellung und verliert sich immer wieder darin. Letzten Endes bekommt der Schüler dann die Klausur zurück. Er erhält tatsächlich die Note 1. Doch schon beginnt der Mensch zu rationalisieren.

„Ich habe viel gearbeitet, insofern habe ich mir die Note auch verdient.“

„Oh, eine 1 in Mathe, was habe ich denn nun im Zeugnis?“

„Eine 1 in Mathe, jetzt muss ich nur noch nächste Woche in Deutsch abliefern.“

„Eine 1 in Mathe – ich frage mal, was die anderen haben.“

Sie merken daran, warum Vorfreude tatsächlich die schönste Freude ist. Anstatt dass wir im Genuss baden, rationalisieren wir.

Das hilft uns vor allem, wenn es darum geht, schlimme Ereignisse zu verarbeiten. Dieser Prozess des Sensemaking findet unbewusst statt. Diese Tatsache sollte Sie dazu bringen, den aktuellen Moment zu genießen. Weil Sie ein Mensch sind und weil es in der Natur des Menschen liegt, werden Sie den Blick automatisch nach vorn werfen. Sie müssen sich deshalb nicht im Moment des Erfolgs schon Gedanken um das nächste Kapitel machen. Leben Sie im Moment und vertrauen Sie darauf, dass Ihr Verstand ohnehin rationalisieren wird.

Eng damit verwandt und doch noch etwas anders verhält es sich mit dem Fokussierungseffekt, auch wenn dieser ebenso gut vorhersagen kann, warum Vorfreude die schönste Freude ist. Es geht um die Fokussierung, die Sie in einer bestimmten Situation vornehmen. Sie überschätzen in einem Moment X, wie Sie in Moment Y über Moment X nachdenken werden. Das liegt daran, dass in jenem Moment X nur die Gedanken X zur Verfügung stehen. In Moment X wissen Sie aber nichts über die Gedanken Y. Für das konkrete Beispiel heißt das: der Schüler freut sich im Moment X über die Note 1, also den Gedanken X. Das ist alles, woran er denkt, weshalb er diesen Zustand auch völlig genießen kann. Im Moment Y tauchen aber plötzlich alle möglichen Gedanken Y auf, die im Moment X logischerweise noch nicht zugänglich waren. Welche Note habe ich im Zeugnis?

Was haben die anderen? Wann beginnt die nächste Stunde?

Durch die angesprochene Rationalisierung verschiebt sich der Fokus. Menschen kommt das aber auch zugute, beispielsweise, wenn sie schwer krank geworden sind. Selbst Rollstuhlfahrer, die im ersten Moment glauben, womöglich nie wieder glücklich werden zu können, erhalten ziemlich früh neue Hoffnung zurück, weil sie sich mit der neuen Situation arrangieren können. Beziehen Sie solche Überlegungen mit ein, wenn es um Ihre eigene Motivation geht.

Diese sollten Sie sich nicht kaputt machen lassen, auch nicht vom Korrumpierungseffekt.

Wieso Belohnungen Ihre Motivation ruinieren können: Der Korrumpierungseffekt

Um diesen Effekt besser zu verstehen, widmen wir uns noch einem weiteren grundlegenden Begriff, nämlich dem Begriff der intrinsischen Motivation, welche von der extrinsischen Motivation abzugrenzen ist.

Wie bereits erläutert handelt es sich bei der intrinsischen Motivation um die Form der Motivation, die besonders rein ist. Deshalb nämlich, weil sie von äußeren, externalen Reizen und Einflüssen befreit ist. Wenn Sie eine Handlung der Handlung wegen ausführen, wenn Sie dadurch Spaß und Selbstverwirklichung erfahren, dann ist Ihre Motivation intrinsisch.

Geht es hingegen um eine Belohnung, um einen externen Zweck, dann ist Ihre Motivation extrinsisch. Sie erkennen vielleicht die Verbindung zum Behaviorismus. Sobald Konsequenzen im Spiel sind, ist die Handlung extrinsisch motiviert. Wenn ein Vogel nach Futter pickt, macht er dies aus einem Grund.

Er erhält Futter und wird durch den Trieb Hunger motiviert. Wenn Sie sich wahrhaftig und intrinsisch motivieren wollen, dann sollten Sie aufpassen und ein Auge darauf werfen, welche Methode Sie dafür wählen.

Sobald Sie nämlich eine externe Motivationsquelle heranziehen, könnte dies Ihre anfängliche Motivation zerstören. Dieses Phänomen wird im Deutschen Korrumpierungseffekt, im Englischen hingegen Over-Justification-Effekt genannt. Untersucht wurde diese Theorie in den USA vom Motivationspsychologen Edward Deci.

Um den Effekt zu veranschaulichen, können Sie sich Folgendes vorstellen: Sie schreiben einen Text, weil Sie das Schreiben lieben.

Sie schreiben allein für sich selbst. Es geht nicht um das Geld, das Sie dafür bekommen. Sie wollen den Text auch niemandem zeigen, sodass es auch nicht um Anerkennung von außen geht. Eines Tages gerät Ihr Text dennoch in die Hände eines Verlags.

Der Verlag ist begeistert von Ihrem Können und möchte Ihnen Geld für das Texten bezahlen.

Weil Sie gerade knapp bei Kasse sind, willigen Sie ein. Ihrer Motivation tut das keinen Abbruch: Sie schreiben Texte, haben Spaß daran und verdienen dabei noch Geld. Was könnte schöner sein? Doch alles hat seine Zeit. Der Verlag entscheidet sich irgendwann, dass das Thema abgeschrieben ist.

Es wurde genug darüber geschrieben, die Leser haben sich satt gelesen. Man entscheidet sich demnach für ein Einstellen der Zahlungen.

Nun könnte der Korrumpierungseffekt greifen, denn plötzlich verlieren Sie Ihre Motivation. Der externe Reiz bleibt aus, Sie sind nicht mehr so motiviert wie zu Beginn, als Sie sogar intrinsisch motiviert waren. Ihre Motivation wurde durch die Umwelt wahrlich korrumpiert. Besonders stark ist der Effekt im Übrigen, wenn es um monetäre Anreize von außen geht. Auch ist der Effekt stark, wenn die Reize unabhängig von der Leistung geliefert werden bzw. wenn die externen Reize angekündigt sind. Auch dies gilt es also zu beachten, wenn Sie sich gesund und effektiv motivieren wollen – übertreiben Sie es mit Belohnungen nicht und setzen Sie diese sinnvoll und portioniert ein!

Kapitel 8: Sich selbst (neu) finden

Warum Selbstreflexion und Selbstbestimmtheit so wichtig sind

In dieser Lektüre erfahren Sie einiges über Ziele und darüber, dass unklare und unrealistische Ziele letzten Endes dazu führen, dass Sie Handlungen und Vorhaben aufschieben.

Sie können nur wissen, wie Ihre Ziele aussehen und was Ihnen wichtig ist, wenn Sie selbstbestimmt sind. Sie lassen sich nichts von außen diktieren, wissen was Sie wollen, was Ihnen wichtig ist und vor allem, wie Sie Ihre Ziele auch erreichen können Selbstbestimmtheit geht mit Mut einher und beides ist letztlich die Folge der Selbstreflexion.

Manche Menschen leben an sich und Ihren Bedürfnissen vorbei, weil sie sich niemals wirklich mit sich selbst auseinandergesetzt haben. Sie benutzen andere Menschen, um sich zu spiegeln oder sie ignorieren sich selbst, indem sie keinen Wert auf Selbstwahrnehmung legen. Sie können allerdings niemals einen neuen Standort im Leben erreichen, wenn Sie ihren alten Standort nicht einmal kennen oder kennen wollen. Sie erkennen sich nur selbst, wenn Sie sich ehrlich reflektieren. Manchmal kann das wehtun, weil es Ehrlichkeit voraussetzt und oftmals unbequem ist.

Dies sollte man allerdings in Kauf nehmen, denn diese Selbstreflexion, welche schmerzen kann, ist besser und vor allem ehrlicher als die Erkenntnis nach Jahren, auf dem falschen Weg gewesen zu sein. Wer außerdem nicht in den Spiegel schauen kann, der muss erst gar nicht versuchen, anderen ins Gesicht zu schauen.

Man muss mit sich selbst im Reinen sein, um mit anderen Menschen einen entsprechenden Umgang haben zu können.

Damit Sie zu einer Entwicklung kommen können, müssen Sie zwingend in den Spiegel schauen. Nur dieser und vor allem ein ehrlicher und selbstkritischer Blick kann verraten, wo man herkommt und wo die Reise hingehen soll. Nach dem Blick in den Spiegel gibt die Selbstbestimmtheit die Richtung vor, die dann auch nicht geändert, höchstens angepasst wird. Seien Sie nicht zu stolz und verbinden Sie sich mit Ihren vermeintlich schwachen Gefühlen. Gefühle, die Schwäche ausdrücken, sind eigentlich starke Gefühle, indem sie Mut und Ehrlichkeit offenbaren. Zeigen Sie diese emotionale Verbindung zu sich und Ihren eigenen Gefühlen, um letztlich davon profitieren zu können. Seien Sie empathisch gegenüber sich selbst und anderen. Der nächste Abschnitt greift das Thema Empathie weiter auf.

Erkennen Sie sich selbst – Einschätzung anhand eines Empathie-Tests

Sie hatten schon die Chance, Ihre eigene Persönlichkeit etwas besser kennenzulernen. Im Folgenden werden Sie noch einem weiteren Test begegnen, der Ihnen einiges über Sie und Ihr Wesen verraten kann. Es geht dabei zur Abwechslung um eine elementare menschliche Eigenschaft, die zur Veränderung Ihres Lebens beitragen kann. Die Empathie bezeichnet die Fähigkeit, sich in die emotionale Welt anderer Menschen einfühlen zu können. Da Sie in Ihrem Leben stets mit anderen Menschen konfrontiert sind, ist diese Eigenschaft elementar, um mit anderen Menschen umgehen zu können, Beziehungen einzugehen usw. Verwechseln Sie dabei nicht Mitleid mit Empathie, denn während Mitleid eher auf einen selbst bezogen ist, richtet sich Empathie immer auf die Person, deren Gefühle nachempfunden werden. Viel Spaß mit dem Test, der darin besteht, dass Sie sich die folgenden Indizien aufmerksam durchlesen und Sie für sich möglichst ehrlich entscheiden, wie gut die Indizien auf Sie zutreffen!

Indiz 1: Sie hören zu

Zuhören ist in unserer Gesellschaft eine völlig unterschätzte Kompetenz. Das liegt unter anderem daran, dass viele Menschen gern reden. Sie reden, ohne dabei sogar Inhalte zu transportieren. Sie interessieren sich auch nicht wirklich dafür, wie und ob ihr Gegenüber reagiert. Es geht ihnen vor allem um die Tatsache, dass sie reden dürfen. Sie stehen im Mittelpunkt und haben das vermeintliche Gefühl, gehört zu werden. Dabei kann ein Gehörtwerden nur dann realistisch sein, wenn es in einem Gespräch ein Geben und Nehmen gibt. Sie haben das verstanden und doch sind Sie oft derjenige, der mehr gibt, weil Sie brillant zuhören. Sie erkennen Feinheiten in den Aussagen Ihrer Gesprächspartner. Sie merken sich Gesprächsdetails automatisch, ohne dass Sie sich wirklich anstrengen müssten. Sie müssen sich auch nicht zwingen, um den Menschen Gehör zu schenken. Sie machen dies automatisch. Als empathischer Mensch kennen Sie die Außensicht Ihres Gegenübers.

Als zuhörender und aufmerksamer Mensch gelangen Sie aber im Gegensatz zu anderen auch weiter. Sie können Ihrem Gegenüber durch aufmerksames Zuhören teilweise besser in die Seele blicken, als er oder sie selbst es könnte. Durch Ihre Gabe des Zuhörens vertraut man Ihnen schneller und Sie ertappen sich dabei, wie Ihnen Menschen ständig Details anvertrauen, was sie bei anderen Menschen aber nicht tun. Sie sagen nichts, nur weil Sie es unbedingt gesagt haben wollen. Sie sagen etwas, um den tieferen Sinn zu erfassen oder um die Situation als solche voranzutreiben. Natürlich ist Empathie teilweise eine Eigenschaft, die vererbt wird. Trotzdem wollen sich manche Menschen teilweise einfach keine Mühe geben. Sie wollen andere nicht verstehen, sie wollen nur selbst verstanden werden. Bei Ihnen ist das anders!

Indiz 2: Sie sind präsent

Empathische Menschen wissen durch ihre Präsenz zu überzeugen. Sie spüren die Gedanken und Sorgen anderer Menschen auf, ohne dass sie sich davon komplett einnehmen lassen. Sie beziehen auch nicht allzu viel auf sich selbst, weil sie in der Lage sind, sich von den anderen Menschen abzugrenzen, obwohl sie sich so gut in deren Lage versetzen können. Sie sind für geliebte Mitmenschen da und wissen auch, wann und wie sie gebraucht werden. Das schließt es aber auch mit ein, dass sie ein gutes Wissen darüber verfügen, wann sie gehen und es gut sein lassen sollten. Vielleicht sind sie nicht immer physisch vor Ort, aber sie wissen instinktiv, wann sie präsent sein müssen, selbst wenn dies nur ein Telefonat oder ein virtuelles Gespräch nach sich zieht. Im Prinzip wird das dann auch zu einem Zyklus, denn diejenigen, die in Sorge sind, merken natürlich auch, dass es immer dieselben Personen sind, auf die man sich in solchen Momenten besonders verlassen kann. Dementsprechend kommen empathische Menschen auch häufiger in Situationen, in denen sie empathisch sein können.

Indiz 3: Sie sehen die guten Absichten

Da empathische Menschen einen guten Zugang zu den eigenen Gefühlen haben, können sie dies auch entsprechend auf ihre Mitmenschen übertragen. Sie lesen deren Gefühle und können Fehltritte von Charakterzügen trennen. Das sorgt dann auch dafür, dass sie Schwachstellen ihres Gegenübers kennen, wissen, wann sich dieser danebenbenommen hat bzw. wissen, wann eine Person falsch ist, sodass man ihr am besten gar nicht erst vertrauen sollte. Menschen können Widersprüche in sich tragen und Schlechtes tun, obwohl sie eigentlich gut sind. Wem sollte man also verzeihen und eine zweite Chance geben? Empathische Menschen wissen fühlend um das Potenzial des anderen, weshalb sie diese Frage auch meistens richtig beantworten.

Empathische Menschen sind also nicht automatisch gutmütig. Sie sind dann gutmütig, wenn sie das meistens berechtigte Gefühl haben, dass ihre Gutmütigkeit nicht ausgenutzt, sondern eher geschätzt und in einer Art und Weise auch zurückgezahlt werden wird. Sie verzeihen nach Fehlern, akzeptieren Entschuldigungen, sind eher nicht nachtragend, wenn es ihnen eben angemessen erscheint.

Indiz 4: Sie können schweigen

Viele Menschen können reden, doch laut Sprichwort bleibt man dann ein Philosoph, wenn man schweigt. Um den philosophischen Aspekt geht es empathischen Menschen aber nicht. In manchen Momenten gibt es einfach nichts zu sagen. Meistens macht man es stattdessen schlimmer, wenn das Reden Selbstzweck ist. Mit einem Schweigen kann man Respekt und die Bereitschaft zuzuhören ausdrücken. Ein Wort kann viel Macht haben, ein Schweigen aber ebenso. Empathische Menschen brauchen also nicht viele Worte, doch wenn sie sie bewusst wählen, dann bringen sie den Diskurs voran. Sie tendieren dazu, ihr Gegenüber nicht überrumpeln zu wollen. Sie haben das Gespür für den richtigen Zeitpunkt und die richtigen Worte – sollten diese überhaupt notwendig sein.

Welche Bedürfnisse und Erwartungen haben Sie?

In diesem Abschnitt geht es um die Bedürfnisse und Erwartungen, die Sie in sich tragen. Die Rolle der Erwartungen wurde durch die Einschübe zur Selbstwirksamkeitserwartung ja schon abgehandelt. Wie sieht es mit Bedürfnissen aus? Sie stellen wichtige und mächtige Bausteine in uns Menschen dar und beinhalten somit motivationale als auch emotionale Aspekte, die uns motivieren und demotivieren können. Der humanistische Psychologe Abraham Maslow hat sich unter anderem mit Bedürfnissen auseinandergesetzt, indem er eine Bedürfnispyramide erstellt hat.

Das Fundament dieser Pyramide bilden die physischen Bedürfnisse des Menschen. Der Wunsch nach Nahrung, nach einem Dach über dem Kopf usw. Es sind die Bedürfnisse, die wir natürlich alle teilen. Auch die darüber liegenden Bedürfnisse sind jedem bekannt, beispielsweise der Wunsch nach Sicherheit. Ganz oben in der Pyramide steht laut Maslow die Selbstverwirklichung, im Englischen Self-Actualization genannt.

Das ist zugleich das oberste Ziel nach dem humanistischen Paradigma. Es besagt, dass der Mensch dieses völlig individuelle Ziel erreichen kann und sich das dafür passende Umfeld aussucht.

Soziale Bedürfnisse wie der Wunsch nach Partnerschaft sind dabei auch eher selbstverständlich und universell. Doch je höher man in der Pyramide der Bedürfnisse kommt, desto individueller und diverser werden die Wünsche der Menschen.

Was entspricht Ihrem Bedürfnis nach Selbstverwirklichung?

Verfassen Sie eine Liste und notieren Sie für sich, was gegeben sein muss, damit Sie sich selbst verwirklicht sehen. Vergessen Sie dabei aber auch die Erwartungen nicht. So können Sie gleich absehen, welche Bedürfnisse wirklich Ihre Bedürfnisse sind und was Sie sich nur von außen haben auferlegen lassen. Außerdem sollten Sie bedenken, dass das Leben Ihnen nichts schuldet.

Manche Menschen formulieren ihre Erwartungen so, als müsse sich der liebe Gott persönlich um die Umsetzung dieser Wünsche kümmern.

Doch letztlich sind wir alle unseres eigenes Glückes Schmied. Wenn Sie Ihre Erwartungen formulieren, dann tragen Sie auch die Verantwortung dafür, die Erwartungen und Individualbedürfnisse in die Tat umsetzen zu können.

Gehen Sie realistisch vor. Wenn Sie merken, dass Sie sich in unrealistischen und überzogenen Wünschen und Vorstellungen verlieren, dann machen Sie sich dies bewusst und ändern Sie die Liste ab. Denn eine unrealistische und überzogene Erwartung an das Leben ist der Hauptgrund für vorprogrammierte Unzufriedenheit. Im Folgenden erfahren Sie nun noch etwas mehr darüber, wie Sie Ihr Wertesystem sinnvoll (re-)strukturieren können.

Organisieren Sie Ihr Wertesystem!
Wo stehen Sie und wo möchten Sie hin?

Wenn Sie in Ihrem Leben orientierungslos sein sollten, so zeigen Ihnen Ihre Werte den Weg. Im Leben entwickelt sich das Wertesystem eines jeden Menschen.

Dieses System macht Sie aus. Es entscheidet unbewusst über Ihre Berufswahl, über Ihren Freundeskreis, über Ihre Partnerschaften, über Ihre Entscheidungen. Ihre Werte verändern und entwickeln sich im Laufe Ihres Lebens.

Diese Entwicklung verläuft automatisch, doch Sie können sie dadurch optimieren, indem Sie Ihr Wertesystem strukturieren und besser gliedern. Dafür müssen Sie sich die Frage stellen, wo Sie aktuell stehen und wo Sie hinwollen.

Erstellen Sie eine Ist-Analyse, indem Sie Ihre Denkmuster und Beziehungsmuster erfassen. Setzen Sie sich neue Prioritäten und organisieren Sie auf diese Weise Ihre Werte!

Ziehen Sie Bilanz, indem Sie in einer Tabelle auflisten, was und wer Sie sind und was Ihnen Ihrer Meinung nach realistisch noch fehlt, um der zu sein, der Sie sein wollen. Sie könnten eine neue Sprache, neue Menschen oder ein neues Hobby lernen wollen.

Sie könnten sich aber auch für das Kochen neuer Gerichte oder für das Lesen von neuen Büchern entscheiden. Wollen Sie alte Leidenschaften als Künstler wieder aufleben lassen? Sie haben unzählige Optionen und Ziele für Ihren Soll-Zustand. Das Wichtige ist die Struktur: entscheiden Sie sich für realistische und umsetzbare Ziele, die Sie inspirieren.

Filtern Sie am besten dabei gleich, was Sie wirklich interessiert und was Sie vielleicht nur in Erwägung gezogen haben, weil es andere Menschen von Ihnen erwarten. Dann müssen Sie nur noch den Weg zwischen Ist und Soll definieren. Wie schnell wollen Sie an Ihr Ziel kommen? In 1, 2, 5 Jahren?

Welche Teilziele und Schritte sind dafür erforderlich? Menschen schieben ihre Vorhaben unter anderem dann auf, wenn ihre Ziele zu unübersichtlich und groß sind.

Machen Sie es deshalb anders und teilen Sie große Ziele in realistische Teilschritte ein. So können Sie nach und nach Bilanz ziehen und werden auf dem Weg zu Ihren Zielen motiviert. Schließlich können Sie Ihre erreichten Ziele dann abhaken und erhalten einen stetigen „Reality Check“.

Sie sehen, was Sie erreicht haben und nicht nur das, was noch vor Ihnen liegt. Rufen Sie sich Ihre Prioritäten ins Bewusstsein und seien Sie beim Organisieren Ihrer Werte vor allem ehrlich zu sich selbst. Ziele, die nur Ihrem Status dienen, mit denen Sie sich und anderen vielleicht nur etwas vormachen wollen, stehen Ihrer Entwicklung und Ihren wahren Zielen nur im Weg. Wie Sie diese noch besser erreichen können, soll Ihnen das folgende Kapitel näherbringen.

Kapitel 9: So definieren und erreichen Sie Ihre Ziele

Wenn Sie nach einer Strategie suchen, um Ihre Ziele zu erreichen, dann versuchen Sie es doch mit den „Implementation Intentions".
Im Deutschen sind diese unter dem Begriff „Wenn-Dann-Pläne" bekannt.

Man hat herausgefunden, dass Menschen ihre Ziele dann realistischer und besser umsetzen können, wenn sie bewusst gewisse Konditionen, also Bedingungen dafür definieren.

Das hat Vorteile. Wenn Sie Ihre Steuererklärung einreichen müssen, dann würden Sie diese vielleicht aufschieben und den Tag damit nicht produktiv nutzen.

Die Wenn-Dann-Pläne machen Ihr Vorhaben realistischer, weil Sie mehr Szenarien miteinbeziehen. Sie beziehen mit ein, dass Sie aller Voraussicht nach keine Lust haben werden, die Erklärung einzureichen.

Sie beziehen auch mit ein, dass Sie sich nicht einfach mitten am Tag an den Tisch setzen werden. Sie werden nicht plötzlich Lust bekommen, die Erklärung zu bearbeiten, nur weil Sie es müssen.

Im Gegenteil: das Wissen um den Zwang sorgt eher dafür, dass Sie abgeschreckt werden und das Projekt aufschieben.

Deshalb werden Ziele zeitlich und konditionell implementiert. „Wenn ich aufgestanden bin, gönne ich mir ein leckeres Frühstück.

Wenn ich das Frühstück zu mir genommen habe, setze ich mich an die Steuererklärung.

Wenn ich die Hälfte geschafft habe, mache ich einen Spaziergang. Wenn ich den Spaziergang gemacht habe, vollende ich die Erklärung. Nach dem Ergänzen schaue ich meine Lieblingsserie.“

Durch eine solche Reihe von Wenn-Dann-Plänen konkretisieren Sie Ihren zeitlichen Plan, was das Aufschieben unwahrscheinlicher macht.

Sie strukturieren Ihren Tag, legen realistische Teilziele fest und vor allem motivieren Sie sich durch die geplanten Belohnungen. Sie kontrollieren sich von vorneherein besser, wenn Sie sich um die Zeitlichkeit bewusstwerden.

Sie wissen automatisch, wie viel Zeit Sie einplanen müssen, wenn Sie sich im Vorfeld in die Situation hineinversetzen. Sonst würden Sie sich einfach irgendwann in die Arbeit stürzen, nur um irgendwann zu merken, dass Sie sich verkalkuliert haben, was Ihre Motivation nicht erhöhen wird.

Natürlich funktioniert die Methode auch nicht immer, was daran liegt, dass sich ein Tag nicht immer minutiös durchplanen lässt.

Mitunter finden Sie vielleicht auch nicht immer Belohnungen oder Motivationen für die „Dann“-Komponente des Plans. Dennoch sollten Sie die Methode ausprobieren, um Ihre Ziele zu konkretisieren und um sie realistischer erreichen zu können.

Warum es sich lohnt, mutig zu sein

Es lohnt sich immer, mutig zu sein. Warum ist das so? Durch den Mut schaffen Sie die Grundlage dafür, was als Saat zu Ihrer Entwicklung beitragen wird. Mut ist die Wurzel der Veränderung, die Sie sich für sich selbst wünschen.

Mut ist das, was Sie von anderen Menschen und vor allem von Ihnen in der Vergangenheit unterscheidet.

Wenn Sie der Meinung sind, dass Sie nicht mutig sind, dann täuschen Sie sich mit Sicherheit, denn jeder Mensch war und ist mutig. Auch hier geht es vor allem wieder um die Wahrnehmung Ihres Muts.

Wenn Sie für sich begreifen, wann und wie Sie mutig waren oder sind, dann fällt es Ihnen umso leichter, in Zukunft ein ähnliches Verhalten an den Tag legen zu können.

Fragen Sie doch einmal Ihre Freunde oder die Familie, warum Sie deren Meinung nach mutig sind und wann dies zum Beispiel der Fall war. Sie werden ob der Antworten überrascht sein.

Vielleicht spielen Sie die eine oder andere Aussage herunter, was daran liegt, dass Sie einiges für selbstverständlich erachten, was andere aber definitiv als Mut wahrnehmen.

Für sich selbst sind Sie der normalste Typ der Welt, für andere womöglich ein Held. Das kann der Fall sein bei etwas, das Sie als banal erachten. Allein Ihre Berufswahl könnte von anderen als mutig bezeichnet werden.

Womöglich ist es Ihr Kleidungsstil, Ihre Art und Weise, einen Partner zu finden, Ihre Verhaltensweisen, Gewohnheiten, Ihr Karriereweg, Ihr Lebenslauf usw.

Nehmen Sie die Frage nach dem eigenen Mut also vor allem als eine Frage der Wahrnehmung auf. Ruhen Sie sich darauf allerdings nicht aus und seien Sie auch weiterhin mutig.

Viele Menschen wollen die sichere Variante wählen, um an ihr Ziel zu kommen. Nehmen wir an, jemand steht vor der Wahl, ein Buch zu veröffentlichen und Autor zu sein oder eine Ausbildung beim Finanzamt zu beginnen.

Dieser Jemand entscheidet sich letztlich für die Ausbildung, weil sie ihm mehr Sicherheit und mehr finanzielle Absicherung verspricht.

Er oder sie entscheidet sich für die Sicherheit und gibt den eigentlich leidenschaftlichen Traum auf. Was passiert?

Er oder sie hat vielleicht das nötige Geld zur Verfügung, doch glücklich wird die Person mit der Ausbildung nicht. Sie fühlt sich übersehen, fehl am Platz, wird deshalb vielleicht sehr häufig krank.

Die vermeintlich sichere Variante hat sich als falsch herausgestellt, weil die Person keinen Mut bewiesen und sich gegen die eigene Intuition, gegen das Herz entschieden hat.

Es muss im Zweifelsfall auch gar nicht die eigene Gesundheit darunter leiden. Sicherheit und Kontrolle sind im Leben leider Illusionen.

Man weiß nie, was im Leben folgt und was aus einer vermeintlich sicheren Entscheidung erwächst. Anstatt die angeblich sichere Variante zu wählen, die aber nicht das verspricht, was man sich wirklich wünscht, kann man auch gleich die scheinbar risikoreiche Variante wählen, die einen aber mit Glück und Freude erfüllt.

Es gibt keinen Grund, seinem Herzen nicht zu folgen.

Schlusswort – Ihr erster Schritt in ein neues Leben!

Mithilfe dieser Lektüre haben Sie hoffentlich einige wertvolle und interessante Einblicke aus der Welt der Psychologie erhalten. Vielleicht wurden Sie dadurch ermutigt, weitere Erkenntnisse über dieses spannende Fach gewinnen zu wollen.

Vielleicht wurden Sie dazu veranlasst, Ihr Leben grundlegend zu ändern. Vielleicht haben Sie durch den Persönlichkeitstest mehr über sich selbst gelernt.

Vielleicht wissen Sie in Zukunft auch einfach besser mit Ihrer eigenen Motivation, mit der Formulierung von Zielen, mit Ihrem „Mindset" umzugehen. Wozu auch immer diese Lektüre bei Ihnen geführt hat – sie könnte den ersten Schritt auf Ihrem neuen Weg dargestellt haben. Es muss, wie Sie gelernt haben, kein bedeutend großer Schritt sein. Oft reicht ein kleiner Anstoß, um Großes bewirken zu können. Vielleicht haben Sie durch einige Zeilen auch nur den Mut erhalten, etwas auszuprobieren, etwas zu ändern, etwas anders zu sehen.

Sie wissen unter anderem ja nun, dass Ihre Erwartungen manchmal viel wichtiger sind als Ihre eigentlichen Fähigkeiten. Insofern können Sie Ihre Fähigkeiten, Ihre Erfahrungen in der Vergangenheit, Ihre Ängste vergessen. Wenn Sie jetzt gerade die Erwartung haben, durch neu erworbene Erkenntnisse Ihr Leben ändern zu wollen und auch zu können, dann werden diese Erwartungen, wenn sie lang genug andauern, einen Unterschied ausmachen können. Dies deckt sich mit dem, was Sie über die Selbstwirksamkeitserwartung gelernt haben.

Denken Sie an die Magie der kleinen Schritte, an den einen Prozentpunkt, der auf ein Jahr hochgerechnet ein Leben komplett auf den Kopf stellen kann. Wenn Sie Ihrem Leben nur ein bisschen Mut zur Veränderung verleihen, dann wirkt dieser Mut oftmals wie ein Dominostein, der alles Weitere meistens wie von Zauberhand anstößt.

Etwas Glück, Zufall, Momentum braucht es im Endeffekt dann auch noch – doch Mut sollte immer am Anfang und am Ende Ihres Handelns stehen!

Daraus entsteht letztlich Glück, denn viel Glück ist am Ende dann doch wieder Können. Ich wünsche Ihnen diesen Mut für den ersten Schritt. Den Mut, um Ihren Ich-Zustand ehrlich und selbstkritisch zu analysieren. Den Mut, um diese Probleme, diese Kluft zum Soll-Zustand, diese Herausforderung anzunehmen, statt in Abwehrmechanismen und Ausreden zu versinken.

Den Mut, um den Tatsachen stets ins Auge zu sehen, um es zu verkraften, wenn Sie Fehler machen, was Ihnen Feedback liefert, um es künftig besser machen zu können.

Neben der nötigen Gesundheit, dem Quäntchen Glück und einem Schuss Liebe für sich selbst und Ihre Mitmenschen ist es vor allem dieser Mut, der in meinem Leben den Unterschied gemacht hat und der den Unterschied in Ihrem Leben ausmachen kann.

Haben Sie den Mut, Ihrem Herz und Ihrer Intuition zu folgen. Lassen Sie eine kontinuierliche, gesunde Veränderung und Entwicklung in Ihrem Leben zu Ihrer festen Konstante werden.

Viel Erfolg dabei!

Über den Autor

Michael Bergmeier ist ein erfolgreicher Unternehmer, der sein Hobby, das Schreiben, zum Beruf gemacht hat. Er widmet sich regelmäßig den Themen der „Psychologie & Karriere“ für den Verlag VIRTUOSO.

Michael verfügt über einen großen Erfahrungsschatz im Management sowie im Umgang mit Menschen. Er war über 5 Jahre als Ausbilder tätig und hat ein besonders gutes Gespür dafür, junge Menschen zu motivieren. Mit viel Empathie und Geschick treibt er andere regelmäßig zu Höchstleistungen an. Seine Mitarbeiter schätzen ihn vor allem für seine souveräne Art zu führen, sein fachliches Know-how und seinen Humor.

Der fokussierte Autor widmet sich seit über 15 Jahren der Persönlichkeitsentwicklung und psychologischen Themen, wie zum Beispiel der Manipulation oder dem Lernen. Die bewährten Methoden und cleveren Techniken, die der Autor in seinen Büchern vorstellt, wendet er alle selbst an, um seine Ziele noch schneller zu erreichen.

Michael lebt mit seiner Familie in der Alpenregion und geht in seiner Freizeit gerne wandern. „Beim Bergsteigen kriege ich meinen Kopf frei und tanke neue Kraft, die ich im Job gut gebrauchen kann“, verrät der Autor. Er bleibt stets auf der Erfolgsspur, liebt neue Herausforderungen und weiß, sich selbst zu motivieren.

Lassen auch Sie sich von seinen Büchern inspirieren und holen sich noch jetzt seine Ratgeber, damit Sie ab sofort Ihre persönlichen wie beruflichen Ziele erreichen.

Danke

Ich bedanke mich herzlich für Ihr Interesse an meinem Buch und hoffe, dass es Ihnen ermöglicht, sich selbst besser oder gar ganz neue Seiten an sich kennenzulernen.

Von Herzen Alles Gute für Sie,

Ihr Michael Bergmeier

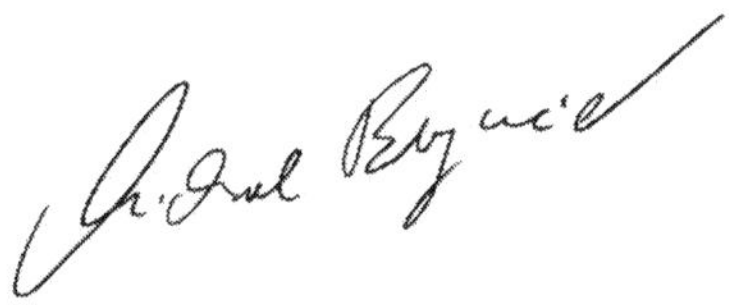

Ich freue mich auf Ihr Feedback

Für mich ist es sehr wichtig, Feedback zu meinem Buch zu bekommen. Wenn Sie Anregungen oder Verbesserungsvorschläge haben, so schreiben Sie mir doch bitte eine Mail:

info@virtuoso-verlag.de

bevor Sie eine schlechte Bewertung abgeben. Ich freue mich sehr über konstruktive Kritik. Da es mich viel Zeit und Energie gekostet hat, dieses Buch zu erstellen, wäre ich Ihnen sehr dankbar, wenn Sie mir anstelle einer schlechten Bewertung Ihre Verbesserungsvorschläge persönlich zukommen lassen. Denn dann hätte ich eine Chance, Ihre Kritik anzunehmen und mein Buch zu verbessern.

Über eine Rückmeldung in Form einer Rezension auf Amazon würde ich mich ebenfalls sehr freuen. Diese können Sie wie folgt erstellen: Besuchen Sie auf Amazon.de die Produktseite des Artikels, für den Sie eine Rezension erstellen möchten. Klicken Sie unter Kundenrezensionen auf „Kundenrezension verfassen". Bewerten Sie den Artikel und verfassen Ihre Rezension.

Alternativ können Sie diesen Link benutzen, der Sie direkt auf die Seite leitet, auf der bestellte Produkte zu bewerten sind. Der Link ist verschlüsselt und sicher:

https://virtuoso-verlag.de/Amazon-Bewertung

Haftungsausschluss

Der Autor übernimmt keinerlei Gewähr für die Aktualität, Korrektheit, Vollständigkeit oder Qualität der bereitgestellten Informationen und weiteren Informationen. Haftungsansprüche gegen den Autor, welche sich auf Schäden materieller oder ideeller Art beziehen, die durch die Nutzung oder Nichtnutzung der dargebotenen Informationen bzw. durch die Nutzung fehlerhafter und unvollständiger Informationen verursacht wurden, sind grundsätzlich ausgeschlossen, sofern seitens des Autors kein nachweislich vorsätzliches oder grob fahrlässiges Verschulden vorliegt. Alle Angaben wurden vom Autor mit größter Sorgfalt und nach bestem Wissen und Gewissen recherchiert oder spiegeln seine eigene Meinung wider. Der Inhalt des Buches passt möglicherweise nicht zu jedem Leser und die Umsetzung erfolgt ausdrücklich auf eigenes Risiko. Es gibt keine Garantie dafür, dass alles genau so, bei jedem Leser, zu genau den gleichen Ergebnissen führt. Der Autor und/oder Herausgeber kann für etwaige Schäden jedweder Art aus keinem Rechtsgrund eine Haftung übernehmen.

Urheberrecht

Impressum

Michael Bergmeier, Virtuoso Verlag wird vertreten durch:

Athina Crane

Mittenwalderstrasse 5a

82467 Garmisch-Partenkirchen

info@virtuoso-verlag.de

1. Auflage 2021

Covergestaltung: Wolkenart – Marie-Katharina Becker, www.wolkenart.com

Fotos: www.depositphotos.com, www.shutterstock.com

Printed in Poland
by Amazon Fulfillment
Poland Sp. z o.o., Wrocław

84412896R00066